JUEGOS INFANTILES
DE
PUERTO RICO

CALIXTA VÉLEZ ADORNO

JUEGOS INFANTILES
DE
PUERTO RICO

EDITORIAL DE LA UNIVERSIDAD
DE PUERTO RICO
1994

Primera edición, 1991
Reimpresiones 1992, 1994

© 1991. Universidad de Puerto Rico
Todos los derechos reservados según la ley

Catalogación de la Biblioteca del Congreso
Library of Congress Cataloging in Publication Data

Vélez Adorno, Calixta.
    Juegos infantiles de Puerto Rico / Calixta Vélez Adorno.—1a ed.p.   cm.
    Includes bibliographical references (p.).
    ISBN 0-8477-2504-9
    1. Games—Puerto Rico.   2 Singing games—Puerto Rico. I. Title.
GV1204.28.V45   1990   90-32361
796.1'3'097295—dc20   CIP

Tipografía y diseño: Tipografía Corsino
Transcripciones musicales: Pedro Escabí

Revisión y copias finales de las transcripciones musicales: Luis Manuel Alvarez

Las transcripciones de "Pon Pon", "La linda manita", "Cinco lobitos" y "Un plato de ensalada", pertenecen al libro **Renadío del cantar folklórico puertorriqueño** de Monserrate Deliz (Instituto de Cultura Puertorriqueña, 1985).

Ilustraciones: Piri Delannoy
    Algunas de las ilustraciones han aparecido en el libro **Nanas para nenes, Nanas para niños serios** de Vicente Rodríguez Nietzsche y Andrés Castro Ríos (PENCLUB, 1985).

Impreso en los Estados Unidos de América
Printed in the United States of America

EDITORIAL DE LA UNIVERSIDAD DE PUERTO RICO
Apartado 23322
Estación de la Universidad
Río Piedras, Puerto Rico 00931-3322

A mis alumnos y a mis compañeros de trabajo de las escuelas Van Scoy del barrio Buena Vista de Bayamón. También al profesor Pedro Escabí, a Fray Mario Rodríguez León y a don Ricardo Alegría.

CONTENIDO

PROLOGO por Ricardo Alegría xvii
INTRODUCCION 1
   Método y material de estudio 3
   Algunas consideraciones sobre el folklore y el juego 4
   El juego como medio de socialización 5
   Aportaciones del juego al desarrollo emocional,
   físico y sensorial del niño 11
   Evolución de algunos juegos en Puerto Rico
   y en otros países 15

JUEGOS INFANTILES
  I. Entretenimientos para el bebé 31
     Andando 33
     Aserrín, aserrán 33
     La carne 34
     Gongoloncito coloraíto 34
     Cinco lobitos 35
     Cinco pollitos 36
     Don Melitón 36
     Jínguili, jínguili 37
     La linda manita 38
     El pajarito 38
     Manita monga 39
     La paloma 39
     Pon, pon 40
     Sana, sana 40

Tope, tope 41
  Tortitas 41
  Los dedos 43
  Las jabas 44
  La palma 44
  Caballito 45

II. Sorteos
  Cara o cruz 49
  El aeroplanito 50
  El cielo azul 51
  El enanito 51
  El inglés 52
  La gallina 52
  La manzana 53
  La raya 53
  La vieja y las papayas 54
  Los palillos 54
  Lleno o vacío 54
  La piedra 55
  Manzana 56
  "Mickey Mouse" y el Pato Donald 57
  ¿Pares o nones? 58
  Pico, pico mandorico 58
  Tin Marín 60
  Un negrito chambelico 61
  Un plato de ensalada 62
  Uno, dos, tres, pescao 62
  La china 63
  Contando 63

III. Juegos en círculo
  Afriquitín palo 67
  Antón Pirulero 68
  Arroz con leche 69
  Bartolo 72
  La carbonerita 73
  Compay Martínez 74
  Don Juan Periñao 76
  Doña Ana 77

El cartero	79
El gato y el ratón	80
El patio de mi casa	81
El zapatero	83
Julieta	85
La cojita	86
La pájara pinta	88
La palomita blanca	89
La rueda	91
Las cortinas de mi alcoba	93
Mambrú	95
Mensaje	98
Naranja dulce	99
Pobre gatito	100
San Serení	100
San Serení del monte	101
Chequi morena	102
Son Pepita y Mercedes	104
Tan Tin	105
Una Do Li Tra	106
El bonete del cura	106
Chivo acorralado	107
Un gato cayó en un pozo	108
La plaza del mercado	109
Chico paralizado	110
Concentración	110
Las caraqueñas	111
Simón, Simón	112
En la Calle Ocho	112

IV. Juegos en hilera

A la limón	115
Ambos a dos	116
Compay Jo	119
Doce y medio para arriba, Doce y medio para abajo	120
El hilo y la aguja	120
La cebollita	121
Las estatuas	123
¡Oh, Susana!	123
¿Quién se ha muerto?	124

Sal y pimienta 125
Sal, azúcar y pimienta 125
Uno, dos, tres, pescao 127
Pan quemao 127
Relevo de saltos 128
La barra 128
La burrita 128
Juego de los números 129
La carretilla 130
Telegrama 130
"Free-Mom" 131
Matarile o ¿Dónde están las llaves? 132
"Seven-up" 133
La señorita Elena 133
Hilo verde 135
Gigantes y enanos (Paso de Gigantes) 136
Calabaza (¡Pum, calabaza!) 137
La víbora 139
Somebody-ody 141
Verbena 143
¡Que llueva! 144
La burra 145

V. Juegos de formación dispersa
   Comadrita la rana 149
   Chico ñangotao 149
   Chico paralizado 150
   Las papayas (Los melones) 151
   Candela 152
   Doble treinta 153
   Daíto o marro 153
   Rescate o Loco librado 153
   Los pueblos o países 154
   El Marro (Marro Fronteao) 155
   Esconder 155
   Las cintas 156
   Punto y goma 157
   La jaula de los pajaritos 157
   Las ardillitas 158
   Simón dice 158

Gente con gente	158
Veo, veo	159
Quemar manos	159
Los monos (Los moros)	160
Pelea a caballo	161
El cartero	161
Pillos y policías	161
Lucha con las manos	162
Periquear	162
Tu Ma	164

VI. Juegos con objetos

Carritos	169
La correa	169
Frío o caliente	169
La brilla	170
Tigüero	170
El oso	170
La veleta	171
Carrera en saco	171
Caballito	171
Muñecas	173
El jinque	173
Columpio	173
Fójforo (Fósforo)	174
La llave	174
Revoltillo de zapatos	175
La guerra	176
Bolero	176
Papa caliente	176
La botellita	177
Sube y baja	177
La sillita voladora	178
Hojita verde	178
Gallinita ciega	179
Las tres patas	181
Libre el cachorro (Libre el pañuelo)	181
Chiringas	182
Gallitos de algarroba	182
Barre campo	183

Gallito de Flamboyán	184
Gallitos de malla	184
Yunta de bueyes	184
Zancos	184
Gallitos de lápices	185
Trompo	185
Juegos con trompo	187
Trompo de corozo	187
Trompo de higüera	188
Perinola	188
Los palillos	189
Juanito se murió	189
Los montones	190
Relevo de palos	190
Chapas y botones	191
Tirar de la soga	191
Yacks	192
Yacks básico	192
Fony-uno	193
Fony-dos	193
Fony-tres	193
Fony-cuatro	194
Fony-cinco	194
Fony-seis	194
Fony-siete	194
Fony-ocho	194
Fony-nueve	194
El puente o la cuevita	195
Besito	195
La casita	195
Canasta	196
La chancleta	196
La burra	197
Al tira y afloja	197
Libre el palo (Esconder)	198
Canicas	200
Tiraíto o globito	201
El caldero	201
La piedra (Tao y Cuarta o la Cuarta al Seto)	202

      Choli-cuarta o Yeco y Cuarta 202
      La pila 203
      Hipódromo 204
Bolos 204
Zarabanda 204
La peregrina 206
El caracol 208
La tablita 208
Brinca la tablita 210
Yo-Yo 211
El cerito 211
¡Pare! 211
Billalda 213
Colgate (El ahorcaíto, La horca) 214
Conventos y flores 215
Juegos con bolas 216
      Baloncesto con zafacón 217
      Bola al aire 218
      Tiro a coger la bola 218
      Tira y tápate 218
      Guillotina 219
      Jugar al rebote (El frontón) 220
      Carrera del canguro 220
Don Ramón 221
Cuica 223
      Juegos con cuica 223
      Cuica número 1 223
      El reloj 224
      Flor de agua 224
      Tocineta 225
      El cartero 225
      El paseíto 226
      Pan, chocolate y café 226
      Pan, chocolate, mantequilla y café 226
      La calle de San Valentín 227
      La culebra 228
      Doble cuica 228
El pañuelo I 228
El pañuelo II 229

    La cagá 229
    Juegos con monedas 230
        Monedas flotantes 230
        Casiel (La mota) 230
        La coa 231
    Aros 232
    Pompas de jabón 232
CONCLUSIONES 235
BIBLIOGRAFIA 237

PROLOGO

Ricardo E. Alegría

El estudio del folklore no ha tenido entre los investigadores locales el mismo auge que otras manifestaciones de nuestra cultura nacional. Los estudios pioneros sobre aspectos de la literatura popular, como los de María Cadilla de Martínez, John Alden Mason y Rafael W. Ramírez, continúan siendo estudios clásicos del folklore puertorriqueño.

En las últimas décadas otros estudiosos de la literatura popular —Marcelino Canino, Pura Belpré, Ivette Jiménez de Báez, Pedro Escabí y otros pocos han enriquecido con sus investigaciones este aspecto de nuestra herencia folklórica.

La música folklórica ha encontrado igualmente investigadores que han legado valiosas aportaciones. Vale mencionar entre otros a Francisco López Cruz y Monserrate Deliz. Precisamente, la profesora Deliz, como maestra de música en las escuelas públicas del país, tuvo la oportunidad de recoger muchas canciones infantiles: formas musicales que, para entonces, se cantaban en las aulas escolares. Irene McLean con su agrupación de bailes folklóricos Areyto, también ha contribuído notablemente a preservar y divulgar este otro aspecto de nuestro folklore. Sus trabajos han estimulado la organización de otras agrupaciones para los mismos propósitos.

En Puerto Rico, donde el cambio cultural ha sido tan acelerado e intenso, por estar sujeto a fuertes presiones e influencias extranjeras, la vigencia de muchas manifestaciones del folklore y de la cultura popular van debilitándose, y algunas de ellas han desaparecido. No nos debe extrañar, pues, que varias de estas expresiones sean desconocidas por las actuales generaciones.

Tal es el caso de los "juegos infantiles" tradicionales, que hasta la década de los treinta conocían y practicaban muchos niños puertorriqueños tanto en la zona rural como en las áreas urbanas. Los cambios radicales que ha experimentado nuestra sociedad, el movimiento de miles de familias de la zona rural a los núcleos urbanos, especialmente a San Juan, con la consiguiente masificación que sufrió el sistema escolar público, han tenido unos efectos negativos en la conservación de los juegos y canciones infantiles tradicionales.

La escuela puertorriqueña —tanto la rural como la urbana, la pública y la privada— han ido relegando el uso de las canciones y los juegos tradicionales. Algunos educadores parecen creer que ya estas experiencias no tienen que formar parte de la vida escolar. Por otra parte se ha creído que la práctica de los deportes puede sustituir los juegos y las canciones tradicionales.

Nadie pone en duda el hecho de que el juego ha sido siempre una actividad importante dentro del marco de la cultura de un país. El hombre es un ser lúdico. Los juegos infantiles son parte importante de iniciación en la formación social del niño; en el desarrollo de su carácter individual; estímulo en el sentido de participación como miembro del grupo. Esta formación social y educativa es fundamental para futuras acciones en su vida comunal adulta.

Es mediante el juego que aprende el niño a compartir en grupo; a seguir instrucciones; a cumplir con las reglas y a compartir frente a los demás. Los juegos infantiles, aun los más sencillos, son formas de educación; fuente de donde se derivan enseñanzas para el comportamiento individual y normas de conducta. Y cuando el juego va acompañado de cántico y de coros, el juego es también iniciación del conocimiento musical, del ritmo y la melodía.

Es justamente esta importancia de los juegos infantiles que Calixta Vélez reconoce la que motiva su obra Juegos infantiles de Puerto Rico. Por muchos años, la autora se ha dedicado a la docencia: es educadora en la escuela primaria y secundaria de nuestro sistema de instrucción pública. Ha vivido la rica experiencia del salón de clases, y particularmente conoce lo que sucede en las horas de recreo y asueto en el diario vivir de la escuela.

Calixta Vélez sabe del ocio estéril y pernicioso de los niños en el *patio de la escuela. También conoce de la avalancha de juegos mecánicos, comercializados y deshumanizados que en los alrededores de los planteles escolares atraen a los niños, y con frecuencia los inician en costumbres indeseables y los asocian a personas que se aprovechan de su ingenuidad y falta de experiencias. Asediada por estas preocupaciones, ella ha sentido la necesidad de contribuir a conservar y revivir esta dimensión tan decisiva de nuestra cultura, recogida en el folklore.*

En la preparación de este libro, Calixta Vélez ha aprovechado sus propias experiencias y la de sus alumnos; ha entrevistado a muchas personas, tanto habitantes de la ruralía como gente de la ciudad; ha revisado los materiales ya publicados en libros y revistas, permitiéndole reunir esta importante colección. El estudio y cotejo de estos materiales han llevado a comprobar que un buen número de los ejemplos recogidos son herencia de nuestros antecesores españoles. La presencia de la herencia indígena en los juegos infantiles es muy poca; aunque el juego con el "trompo de higüera" podría apuntar hacia esos orígenes. El estudio de estos juegos tradicionales de Puerto Rico también nos permite reconocer en ellos un aspecto de nuestra herencia cultural que compartimos con los otros pueblos hermanos de Hispanoamérica.

Es valiosa la aportación que ha hecho Calixta Vélez con este magnífico estudio y antología de Juegos infantiles de Puerto Rico, preparado y presentado como Tesis para el grado de Maestría en Artes con especialización en Estudios Puertorriqueños y del Caribe, y realizado bajo la dirección académica del profesor Pedro Escabí.

INTRODUCCION

El patio de mi casa natal era de grandes dimensiones y acostumbrábamos reunirnos los muchachos y muchachas del barrio para divertirnos con juegos.

En ocasiones las niñas jugaban con otras niñas y los varones hacían lo mismo. Otras veces jugábamos todos juntos.

El horario era flexible, y casi todas las tardes o las noches el patio era visitado por niños del vecindario.

En mi adultez y trabajando como maestra disfrutaba cuando veía a mis estudiantes realizar más o menos los mismos juegos que conocí y jugué cuando era niña. Luego comencé a observar cómo cada día las actividades lúdicras de los niños habían variado. Estos cambios en los juegos los observé en los niños de las comunidades que a diario u ocasionalmente visitaba.

Años después tuve la oportunidad de realizar una investigación sobre el tema para la clase *Sociedad y Cultura de Puerto Rico* del profesor doctor Ricardo E. Alegría, Director del Centro de Estudios Avanzados de Puerto Rico y el Caribe. Este trabajo me introdujo de lleno en el tema.

Comencé a cotejar lo que se había escrito sobre el tema en Puerto Rico. Para mi sorpresa, pude comprobar que contamos hasta la fecha solamente con el libro *Juegos y canciones infantiles de Puerto Rico*. Su autora, la doctora María Cadilla, nos describe ciento cincuenta y tres juegos y canciones ordenadas cronológicamente.

Aunque en muchas ocasiones la descripción que hace de los

juegos no es muy detallada, sin embargo es el primer libro que expone en Puerto Rico con profundidad y seriedad nuestro tema de estudio.

El libro fue editado en el año 1940. Once años después, salió a la luz pública la obra de la profesora Monserrate Deliz, *Renadío del cantar folklórico de Puerto Rico*. La autora establece en el prólogo que su trabajo no es una obra fundamental de investigación como originalmente ella la concibió. Es más bien una manera de aliviar la pena que sentía al notar que la tradición se perdía y que los cantos se olvidan.[1] Fue esta la razón que la impulsó a recopilar y a dar a conocer parte de los cantares que consideraba serían olvidados más rápidamente.

El estudio de estas dos obras es fundamental para tener una idea clara de la transformación que han sufrido algunos de nuestros juegos y entretenimientos.

En muchos libros de estampas puertorriqueñas sus autores evocan con nostalgia los juegos que ellos practicaron cuando niños. Los poetas y pintores han encontrado en ellos motivos de inspiración. No obstante, en nuestros libros de folklore es muy poco el material que sobre el tema se ha publicado. Si se menciona es en forma poco precisa o se limitan a los romances y romancillos que no necesariamente son juegos.

La riqueza del tema nos fuerza a limitarnos a describir el juego, señalar su relación con otros países, especialmente con los de América Latina y Europa y hacer algunos comentarios sobre las influencias que ejercen en algunos aspectos de la vida del niño.

Pretender abarcar todas las fases del tema sería una tarea para ser ejecutada por un equipo de trabajo constituido por personas especialistas en distintas áreas del saber: lingüistas, antropólogos, psiquiatras, musicólogos, historiadores, entre otros. Esperamos, sin embargo, que el presente estudio sea una contribución sobre el tema y que sea de utilidad para aquellos que sientan preocupación por el conocimiento, preservación y enriquecimiento de nuestra cultura.

Los juegos que exponemos en este trabajo son los que practican los niños desde su nacimiento hasta los doce años aproximadamente. Su escenario puede ser al aire libre o bajo techo.

---

1. Deliz, Monserrate. *Renadío del cantar folklórico de Puerto Rico*. (Madrid: España, 1952), p. 9

El niño los aprende de sus mayores o de personas de más o menos su misma edad.

Algunos de los juegos que describiremos solamente existen ya en el recuerdo de quienes nos lo informaron. Otros, se practican muy poco. Sin embargo la mayoría de estos juegos son conocidos en parte o en su totalidad en el pueblo.

Aunque es difícil trazar el origen de algún juego nos proponemos presentar lo que al respecto han escrito algunos autores de reconocida autoridad.

A través del estudio de libros, discos fonográficos y revistas de América y Europa, reconocimos la existencia de muchos de nuestros juegos en otros países. Esto nos proporcionó la alegría de sabernos hermanados con esos pueblos.

Sin embargo, al comparar algunos juegos con los nuestros, vemos el sello inconfundible de la puertorriqueñidad: la existencia de un vocabulario propio del puertorriqueño, haber sustituido nombres de otros sitios y de personas por nombres de lugares y de personas más conocidos por nosotros. Aún los juegos que parecen estar por desaparecer y aquellos de nueva adquisición son señales que nos indican quiénes somos, de dónde venimos y hacia dónde vamos. Identificar esas características y promoverlas es deber de todo puertorriqueño.

Método y material de estudio

Nuestra investigación se llevó a cabo principalmente en Bayamón por ser esta la ciudad donde he vivido siempre y donde he trabajado la mayor parte de mis años de maestra. También obtuve información de personas en Vega Alta, pueblo de origen de mi familia materna. En Ponce donde acostumbro visitar algunos amigos conocí varias personas quienes también participaron en el estudio. En Loíza varias personas se reunieron para recibirme en el patio de una de sus casas y allí practicar juegos mientras yo tomaba notas y respondían a mis preguntas e inquietudes. También tuve la oportunidad de observar con más detenimiento los juegos que los niños practicaban en los patios de las escuelas y en los vecindarios que visitaba.

Visité centros geriátricos en Bayamón y entrevisté a los residentes con quienes aprendí a manejar juguetes como el balero, el trompo de higüera y la billalda.

Utilizamos cintas magnetofónicas en las cuales grabamos y luego las transcribimos.

Todos los informantes se mostraron interesados en el tema y al final de las entrevistas o sesiones de juegos dijeron sentirse satisfechos de poder colaborar en el estudio. Los adultos agradecieron la oportunidad que se les brindó de poder demostrar sus habilidades y la variedad de sus conocimientos.

Las edades de los sujetos entrevistados fluctúan entre los 05-12 años y los 38-88 años.

Algunas consideraciones sobre el folklore y el juego

A partir del año 1812, fecha en que los hermanos Jacobo y Guillermo Grimm publicaron el libro "Kinder-und Haumarchen" (*Cuentos de la infancia y del hogar*) aumentó grandemente el interés que hasta entonces se tenía sobre la cultura y la sabiduría popular.

El 22 de agosto de 1846 el anticuario inglés William Thoms publicó por primera vez el término folklore en la revista *El Ateneo*. Este vocablo, de origen anglo-sajón, se ha usado desde el siglo XIX para denominar la ciencia que estudia, cataloga, clasifica, analiza e interpreta los distintos aspectos de la sabiduría popular. Ese saber comprende tres grandes grupos: saber material que se traduce en objetos tangibles, saber social que comprende las relaciones interpersonales de la gente y saber espiritual que representa el producto que nace de la mente o del alma colectiva.

Si bien es cierto que éste es el contenido de toda cultura, lo que nos interesa es el fruto que emana espontáneamente del pueblo y cuyo autor se pierde en el tiempo y en el espacio. Su transmisión se efectúa sin apremio alguno a través de la tradición oral, de generación en generación, sin intervención de la escritura ni de la escuela formal. La popularidad y funcionalidad del hecho hace que el grupo se sienta responsable de conservarlo. En ocasiones el pueblo lo modifica y surgen variantes aunque se conserve en esencia lo mismo. Es así como el pueblo demuestra que ya reconoce el hecho como patrimonio de todos.

Los hechos folklóricos son estudiados por distintas escuelas científicas de acuerdo a sus diferentes métodos de análisis. Por eso surgen tantos y tan variados estudios de un mismo tema interpretado con enfoques diferentes.

Por ser tan amplia esta área del conocimiento humano se suele recurrir a enumerar lo que a ella le interesa: vivienda, prácticas fúnebres, juegos infantiles, pasatiempos, festivales, artes populares, música, refranes, supersticiones, etc. Entre estos temas hemos seleccionado los juegos infantiles por su aportación al desarrollo del niño en su aspecto físico, espiritual y ético.

Son los juegos que se práctican en los patios, en los vecindarios, en las plazas. En fin, los juegos que realizan los niños con espontaneidad, sin intervención de los mayores. Si en ellos se incluyen rimas o canciones no es la perfección lingüística, ni la lógica lo que importa, sino la existencia del ritmo, pues "el absurdo y el encanto no existen sino en la apreciación del adulto".[2] Por eso, en vano buscaríamos el significado de:

> *Sube a la palma*
> *tumba gandures*
> *por los que tumbes,*
> *tú no te apures.*

o

> *Naranja dulce,*
> *limón partido,*
> *dame un abrazo*
> *que yo te pido.*

El juego como medio de socialización

> *El individuo, por naturales condiciones de su propio ser, tiende a completarse con, en y por medio de otro ser.*
>
> Eugenio María de Hostos

El juego es uno de los medios básicos de socialización. Por medio de los juegos los niños pueden internalizar normas, actitudes y valores así como medios de hacer las cosas que luego le ayudarán a convivir

---
2. Chateau, Jean, traductor. *Psicología de los juegos infantiles* (Editorial Kapelusz, Buenos Aires, 1973), p. 103.

en armonía con los demás miembros de la sociedad. Los juegos infantiles logran ese propósito de manera efectiva y divertida. Les enseña a aceptar retos y a asumir responsabilidades.

A pesar de que a muchos adultos cuando piensan en este tema sólo les viene a la mente la algarabía que caracteriza a los juegos infantiles, la verdad es que estos son más que simple movimiento físico, porque ayudan al crecimiento social. El hecho de que muchos juegos infantiles tienen formación básica de rueda, es muy significativo. La sociedad progresa cuando los miembros que la componen se dan realmente la mano y se ayudan unos a otros. De esta forma se crea una atmósfera de solidaridad que debe prevalecer en todo grupo social.

Es tal el sentido de cohesión que se desarrolla en un juego, que en caso de que alguien intente subestimar o perjudicar de alguna manera a un compañero de juego, los demás salen en su defensa. Surge un juicio donde cada uno tiene que usar su agudeza para servir de árbitro, de juez, defensor, y donde el acusado jamás se queda callado. Nunca se le priva de su derecho a defenderse. Hasta recuerdan precedentes: "¿Cómo a Juan se lo permitieron?" "Cuando Carmen hizo lo mismo, no le dijeron nada." Y en ese momento tienen que aclararle todo.

Cuando se termina de oír todas las partes, el niño o niña es expulsado del juego solamente por decisión mayoritaria. Si alguien está en desacuerdo con la expulsión porque lo considera una injusticia y prefiere retirarse del juego, lo puede hacer.

Según pasa el tiempo, el niño se va dando cuenta de que él forma parte de un mundo mayor donde hay variedad de opiniones. Aprende a entender que esas opiniones pueden armonizarse si se discuten con respeto mutuo. En circunstancias de desacuerdo aprende a tomar control de sí mismo y a tomar decisiones.

El campo de juego es un sitio donde el niño se convence de que no debe emplear fuerza antes de calcular resistencia, evitando así hacer esfuerzos insuficientes o superfluos en todos sus movimientos.[3] Esto trae como consecuencia la formación de una persona consciente de que a cada acción le sigue una o varias reacciones a las que él tendrá que enfrentarse. En esa aceptación de responsabilidades cumple también el juego infantil una misión social importante.

---

3. Rousseau, Juan Jacobo. *Emilio: De la educación*. México: Editorial Porrúa, 1970. p. 84.

De esta forma el niño asume responsabilidades como parte integrante de un equipo sin perder su individualidad. Por eso, antes de empezar el juego, todos los participantes se aseguran de que cada uno conozca bien las reglas que lo rigen. Si hubiese un niño nuevo en el vecindario o escuela, las preguntas de rigor son: ¿Tú sabes jugar a _____? ¿Cómo tú juegas a _____?

Si, luego de empezado el juego, ocurriese un mal entendido, todos tienen oportunidad de aclararle al que cometió la falta cómo tiene que actuar en futuras ocasiones para seguir formando parte del grupo. La primera falta por desconocimiento de las reglas es perdonada.

Participando en juegos infantiles el niño siente confianza de que él puede llevar a cabo unas acciones en sociedad de acuerdo a sus capacidades. Empieza a descubrir sus intereses y a desarrollar sus potencialidades, tanto físicas como mentales. Sobre todo, reconocerá que estos intereses y estas capacidades pueden diferir de las de sus compañeros, pero que al unirse, cooperar y compartir en grupo las mismas se compensan recíprocamente.

Esta disposición de poner sus obras al servicio de otros y verse plenificado como ser humano, debe permear a lo largo de toda su existencia. El niño tendrá siempre como fin comenzar y terminar su obra, lo que es deber de todo individuo para con su sociedad.

Mientras elabora su obra pensará en los demás, aunque partiendo del conocimiento de su propio yo, porque "nuestro aprecio propio es esencial para que surja en nosotros el aprecio por el prójimo".[4]

El juego infantil va liberando al niño de la dependencia de sus padres y amplía sus horizontes de convivencia social. Para lograr esa convivencia, el niño tiene que hacer unas adaptaciones cediendo parte de su libertad. A través del juego va conociendo que la libertad implica obligaciones y compromisos. El tiene que tomar decisiones por sí mismo, tolerando, a veces, situaciones que no le son agradables. De esa manera se disciplina y crea un balance interno necesario para poder convivir en armonía con un medio que no siempre será como él desearía que fuera.

Por medio del juego el niño empieza a aceptar la idea del trabajo terminado como medio de expresar sus más íntimos deseos de mejorar el mundo donde vive. Un niño jamás hará una tiendita, una

---

4. Sánchez Hidalgo, Efraín y Lydia. *La psicología de la crianza: un mensaje a los padres.* San Juan, Puerto Rico: Editorial Universitaria, 1973. p. 84.

casita o un puente que no resista suficiente tiempo de pie como para proporcionarle bastantes horas de recreo. Si se le rompe su obra veremos con qué paciencia y esmero emprende la tarea de identificar y rectificar sus errores: principio científico siempre en vigencia.

Si no lo puede hacer solo pedirá ayuda, porque ya entiende que algunas personas a su alrededor comparten sus intereses y están dispuestas a ayudarle. De aquí surge confianza en otros seres y placer en la participación cooperativa.

Si hay que elaborar dos o tres casitas de campaña, chiringas o baleros, cada cual individualmente o colectivamente hará la más perfecta creación estética y duradera que sea él capaz de realizar.

Para lograr que su obra sea cada vez mejor, el niño tiene que concentrarse. A veces pasa largo tiempo pensando y experimentando con distintos medios para lograr lo que desea. Así también en la vida adulta tendrá que concentrarse para poder lograr un producto final de calidad superior.

A la misma vez, adquiere disciplina interior, y, en su relación con su medio, será capaz de juzgar. Evaluará los materiales, los seres, las acciones de las otras personas y las de él mismo antes de emitir juicio.

Para llegar a emitir juicios sabios y justos se ve precisado a observar detenidamente cada objeto y cada acto que se desarrolle a su alrededor. A la larga habrá aprendido a conocer y apreciar el orden de las cosas, lo que le ayudará a que éstas no se le resistan poniendo impedimentos a su vida, en lugar de enriquecerla.[5] Todo lo cual logrará un ciudadano que verá en los objetos y en sucesos un reto a sus habilidades para enfrentarse a situaciones, aunque las mismas sean sumamente difíciles. Su participación en juegos infantiles requiere que tome decisiones con prontitud y sabiduría.

Como parte del orden que ya ha internalizado, aprende a ser puntual. Pocas veces el niño llega tarde a sus juegos. Si le interesa ingresar a un grupo que encuentra jugando en el camino por donde él va, solamente tiene que preguntar:

—¿juego?

A lo que los demás contestan en la afirmativa. Si no pueden aceptarlo en ese momento, le piden que espere o le contestan:

---

5. Helming, Helene. *El sistema Montessori*. Barcelona: Editorial Luis Miracle, S. A., 1970. p. 222.

—En la plaza no se venden huevos.

Pero él sabe que, si se queda cerca, en algún momento le darán la oportunidad de participar en el juego. Esta camaradería surge espontáneamente. Es que el niño siente la necesidad de compartir las experiencias que le parecen bellas o interesantes. El juego le da esa oportunidad de comunicarse afectivamente; logrando que, a la larga, pueda, además, comunicarse efectivamente para poder entender y ser entendido. Consigue captar que el que atiende, entiende, y el que entiende, aprende. Y él quiere aprender lo nuevo y entender mejor lo que ya ha practicado.

Si abandona el terreno de juego sin advertir que volverá, al regresar puede encontrarse con que sus compañeros le digan:

—El que se va pa' Melilla, (Mavilla, Sevilla, Aguadilla) pierde su silla.

Ante lo desconocido, el niño siente curiosidad. Nunca sienten más atraída su atención que cuando un recién llegado les trae nuevas versiones de juegos que ya ellos conocen o juegos completamente nuevos.

También disfrutan cuando el recién llegado les enseña a convertir en juguetes los materiales que ellos tienen a mano. Por ejemplo, las dos partes de la bellota del flamboyán convertidas en patines.

Adviértanse aquí las mismas reglas sobre cambios que ocurren en la sociedad de adultos. Para aceptar un cambio, éste no debe socavar nuestros principios, y, generalmente, es aceptado paulatinamente, a menos que ofrezca, a primera vista, ventajas sobre lo ya establecido. Como vemos, en el juego de niños, como en la sociedad adulta, el proceso de cambio es casi siempre lento.

Los niños no siempre sustituyen completamente lo viejo por lo nuevo. Muchas veces lo que hacen es aceptar lo nuevo y modificar lo viejo. Estas actividades pueden caer en desuso porque su vocabulario ya no se usa, el ritmo no los motiva, como en el caso de algunos romances, los materiales ya no se consiguen, o el modo de llevarlos a cabo no es seguro. En estos casos, no podrán enseñarlas a generaciones siguientes, pues carecen de significado y motivación.

El juego infantil está tan íntimamente relacionado con la espontaneidad característica de esa etapa de la vida humana que, con sólo decir "Vamos a jugar", todos van al lado de quien lo dijo. Invitar a jugar es convidar a compartir una experiencia maravillosa donde el agotamiento físico parece que nunca llega.

Estas actividades son las puertas que se le abren al niño recién llegado a un vecindario. Cuando los niños de su misma calle, escuela o grado juegan, el recién llegado recibe sus primeras invitaciones a unirse al grupo.

Es interesante observar la conducta de los niños hacia un recién llegado. Cómo ellos van describiéndole a cada uno de los compañeros como "el que más corre", "el que llora cuando pierde", "el más que se ríe", "el armao",[6] "el que siempre está inventándose cosas nuevas" o "la que más canciones sabe". Hasta le recomiendan con quién debe "juntarse".[7] Todas estas frases denotan que el niño aprende a través del juego, además, a reconocer y a juzgar virtudes y defectos en los demás. También aprende a reconocer sus propias limitaciones.

El juego es la actividad más importante para él. Lo realiza con mucho gusto, esmerado en que todo salga bien. Emplea muy seriamente todo su esfuerzo e iniciativa: invita, organiza y ejecuta los juegos con gran habilidad e ingenio.

La mayoría de los informantes estuvieron de acuerdo en que las faltas más graves que comete un niño en un juego son: hacer trampa, hacer pifia, pasar paloma; tres frases que describen la acción de evasión al sometimiento a las reglas del juego. Cuando esto sucede, el niño es sancionado por todos los miembros del grupo, incluyendo los que pertenecen a su bando, lo cual indica que el juego infantil ayuda a formar gente honesta y leal.

De manera que el niño tiene que acatar las reglas del juego aceptadas como legales. Así mismo sucederá en su vida adulta; de no obedecer las reglas generales del grupo, él será castigado. Se reintegrará al grupo cuando haya pagado por su falta.

La comunidad llega a ser el recipiente de los contenidos espirituales que han creado y adquirido sus miembros. El niño, como agente transmisor de cultura, lleva sus juegos a donde va. Por eso, algunos de los juegos que observamos en nuestro país existen en

---

6. Le llaman arma'o al niño que siempre quiere ganar en los juegos o al que siempre dice tener la razón. También lo llaman Jalisco.

7. Establecer amistad.

otros. Se convierten estos en parte integrante del equipaje del niño y también del adulto.

¿Cuántos de nosotros podemos decir que los juegos que efectuamos cuando niños nos han abandonado por completo? Ellos nos acompañan a través del tiempo y del espacio.

El juego del que vamos a ocuparnos es más flexible que el deporte, aunque también obedece a unas reglas generales. Admite variantes que están determinadas por el medio ambiente, intereses, gustos de los participantes, así como por la época en que se juega. Desde muy pequeño, el niño empieza a dar muestras de su creatividad modificando los juegos que le llegan para adaptarlos a su mundo. Estas modificaciones y creaciones las basa en nuevos inventos, acontecimientos importantes tanto locales como internacionales y en los héroes de moda.

Vemos, pues, que el juego es una actividad seria.

Aportaciones del juego al desarrollo emocional, físico y sensorial del niño

> *No basta tener los órganos, es preciso aprender a servirnos de ellos... porque no sabemos palpar, ver, ni oír, sino como hemos aprendido.*
>
> Rousseau

Las aportaciones del juego infantil al desarrollo emocional, físico y sensorial del niño son innegables.

"Las primeras facultades que en nosotros se forman y perfeccionan, son los sentidos; por tanto, son las primeras que deberían cultivarse,"[8] puesto que son estas facultades las que permiten al niño conocer mejor las imágenes y sensaciones que le llegan del mundo exterior. A través del juego infantil se alertan los sentidos que le sirven al niño para poder conocer mejor esas imágenes y sensaciones. Empieza a comprender mejor ese mundo hasta que sabe lo que tiene,

---

8. Rousseau, Juan Jacobo. *Emilio: De la educación.* México: Editorial Porrúa, S. A., 1970. p. 84.

puede crear y distinguir entre lo que le es útil y lo que no le es útil a sus propósitos.

El niño capta por medio de sus ojos el mundo material que le rodea. En el juego infantil tiene que fijar sus ojos con detenimiento para defender su puesto, para reconocer los colores de su equipo y los del contrario, para emitir juicio sobre lo que para él es "más bonito que...", "más alto que...", "más pequeño que...", y otras observaciones.

La música acompaña muchos juegos infantiles. Desde pequeños los niños captan ritmos y melodías variadas que les permiten crear sus propias melodías y ritmos. Es común observar a niños que en los juegos infantiles ponen mucho empeño en marcar bien los compases tanto con palmadas como con los pies o con todo el cuerpo. De esta manera se agudiza su sentido del compás y del ritmo.

Algunos juegos infantiles apelan a la memoria gustativa de los niños. Ejemplo de esto es el final de una versión de *Verbena*, al preguntarle al participante:

—¿Qué te gusta más _____ o _____ ?

El niño responde con lo que él recuerda que le es más grato a su paladar.

También para escoger los materiales con que ha de jugar el niño tiene que ejercitar su sentido del tacto. Así sabe que el aro de metal es más seguro para manejar con la ayuda de un garabato. Reconoce que para disfrutar largas horas de juego con la cuica ésta debe ser de un material suave al tacto.

El juego *Adivina lo que es*, ayuda a agudizar los sentidos. En este juego se le vendan los ojos a uno de los participantes y luego le dan materiales, frutas, objetos para que él adivine lo que son con solo tocarlos, olerlos o saborearlos. Las diferentes partes del cuerpo del niño reciben múltiples beneficios al ajercitarlas por medio de juegos. Los pulmones reciben más aire, el corazón recibe más sangre para trabajar. Ambos órganos de esta manera activados, se fortalecen y adquieren más agilidad para llevar a cabo sus funciones. Por eso deben proveérsele al niño lugares amplios donde al aire circule puro y libremente.

Los movimientos efectuados en estas actividades avivan las glándulas sudoríparas librando el cuerpo de materiales tóxicos y regulando a la vez la temperatura del mismo.

Con los brincos, los saltos y los cambios de posiciones llega el cansancio... Los músculos piden descanso. Los ojos se cierran. A dormir, a soñar. ¡Quién sabe si a soñar que sigue jugando! Total..., recobradas sus energías, podrá el niño hacerlo realidad cada vez con más bríos.

Para poder llevar a cabo sus juegos el niño necesita tener todo su cuerpo y su mente alerta y trabajando en coordinación con sus sentidos. Ante esta necesidad él se esforzará por conocer mejor su cuerpo, conservarlo sano, llegando así a respetarlo más. Valorará las capacidades que su cuerpo tiene y tomará conciencia de sus necesidades físicas y emocionales. Un niño así disciplinado sabe cuándo le toca su turno, sabe de dónde vienen las voces que lo quieren distraer para que, luego que él se distraiga, librar el palo; o cuando un jugador, no importa que no sea de su equipo, está en apuros y necesita ayuda. Esto, al contrario que en los deportes-o, como dijo un informante, "los juegos de gente grande"-"en los cuales, cuando un jugador del equipo contrario sufre un percance, hay que pedir tiempo para acercarse a ayudarlo. En el juego infantil, al grito de "Muchachos, Pedro se cortó", olvidan el juego por el momento y van todos en ayuda de su amigo. No necesariamente tienen que pedir tiempo como en el juego de adultos.

Valor terapéutico: Las energías que liberan los niños al golpear una bola, al moverse, al golpear un chino contra otro, les permiten canalizar las tensiones que de otra forma podrían ser utilizadas para destruir o causar daño a vidas y propiedades. Sirven pues, de puerta de escape a manifestaciones de odio, ira, alegría y agresividad. Canalizan también algunos temores y liberan tensiones.

El niño aprende a aceptar a los demás con sus faltas y virtudes a la vez que les ayuda a controlarlas en él mismo. Acepta que a su compañero le dé coraje, pero no que adopte esta actitud como conducta habitual, porque entonces: "No juego contigo porque vas a salir peleando como siempre". "Tú no sabes perder." "No voy a seguir siendo tu amigo." De manera que este control, ejercido recíprocamente, estabiliza al niño que, en su anhelo de no ser rechazado, acata normas y hasta inventa juegos para lograr al fin, aunque sea en su mente, lo que él quiere. Esta vez canaliza su agresividad en un juego y se lo aceptan.

Ejemplo de lo expuesto anteriormente lo tenemos en el niño que es expulsado del juego porque "está buscando pelea". Al abandonar el terreno de juego se va a tirar piedrecitas a la quebrada más cercana. O quién sabe si, elevando una chiringa, ve alejarse con ella a sus amigos, quedándole el hilo en la mano para él manejarlo como hubiese querido hacer con aquellos.

Los niños ofrecen testimonio de la calidad e intensidad de sus relaciones con los adultos por la manera en que ejecutan su papel en el juego. Jugando a Mamá y Papá, a los maestros, los niños proyectan la imagen que de esos adultos ellos han internalizado.

A través del juego el niño manifiesta uno de los sentimientos más nobles, el amor. Cuando lo invitan a jugar, todo sentimiento de soledad y tristeza se transforma en sonrisas y alegrías. Ya sabe que él significa algo para los demás, que ellos desean su compañía porque la valoran positivamente. Por lo tanto, el juego infantil ayuda a estabilizar al niño emocionalmente.

La muñeca con la que juega una niña puede estar sustituyendo una figura querida que la niña acaba de perder. Esta muñeca puede ser, además, el objeto que puede atender su conversación en todo momento, cuando mamá está ocupada en otros quehaceres o con otros miembros de la familia, como ese nuevo hermanito que le está quitando parte del tiempo que mamá antes podía dedicarle a ella.

Conociendo la importancia del juego en el desarrollo emocional, motor y social del niño muchos psicólogos y sociólogos han confeccionado pruebas a base de los juegos infantiles y sus variantes, como saltos, pelota, correr, doblarse, brincar cuica, ñangotarse, uso de marionetas, casitas de muñecas, con el fin de detectar sus preocupaciones íntimas o inconscientes, así como su capacidad motora y su reacción a la coerción que le impone el resto del grupo.[9]

El niño vive su infancia; el adulto debe conocerla, nos dicen los doctores Marzi y Valeri.[10] Una de las maneras de conocerla, nos señalan ellos, es atender mejor sus parloteos y los rasgos de conducta visible y aun sus silencios, pues a menudo son éstos más elocuentes que sus palabras. Son como pantallas de radar que reflejan su estado afectivo interno. Tenemos que estar más atentos a estos mensajes para poder captarlos y estar en mejor posición de orientar al sujeto que los ha emitido: "El modo que tiene cada niño de componer y

---

9. Michaux, León. *Psiquiatría infantil.* Barcelona: Luis Miracle, S. A., 1965. pp. 227 y 229.

10. Marzi, Alberto y Valeri, Mario. *La psicología en la educación contemporánea.* Buenos Aires: Troquel, S. A., 1967. p. 189.

desempeñar su personaje, la forma en que reacciona ante las situaciones imprevistas que le plantean los restantes actores infantiles y su conducta afectiva y social en el curso de la acción, proporcionan importantes informaciones respecto al carácter, los deseos y los conflictos, y permiten la liberación espontánea de todo el dinamismo inconsciente. Este último hecho tiene un valor de apaciguamiento y tregua, con independencia de las posibilidades correctivas y re-educativas naturalmente derivadas."[11]

Evolución de algunos juegos en Puerto Rico y en otros países

Cuando estudiamos distintas fuentes relacionadas con los juegos infantiles pudimos comprobar la existencia en otras partes del mundo de juegos que conocemos en Puerto Rico. También encontramos las ideas que tienen algunos autores sobre el origen de muchos juegos.

En esta sección de nuestro trabajo presentamos algunos de estos hallazgos.

1. **Entretenimientos para el bebé**. Muy temprano en su vida, aun antes de saber hablar, el bebé se enfrenta al mundo del juego. Otras personas le ayudan a disponer de su tiempo en forma amena. Algunas de las maneras que utilizan las personas para lograr ese fin son antiquísimas.

Entre las más conocidas está *Andando, andando* que es como comienza una rima infantil que usamos para inspirar confianza en el bebé que está aprendiendo a andar. Esta canción era muy popular en los siglos XVI y XVII. Para hacer tal afirmación se basó Juan Carrizo en la inclusión que de ella hace el dramaturgo Tirso de Molina en su comedia *Santa Juana*.[12]

2. **Sorteos y Sorteos-juegos**. Hemos dicho que el juego infantil no es una actividad desordenada. Por el contrario, en todo juego se sigue un orden que el niño tiene que acatar para poder participar. Es ésta una de las características más significativas de la actividad lúdrica.

---

11. Ibid. p. 246.

12. Carrizo, Juan Alfonso. *Cancionero popular de La Rioja*. Buenos Aires: Espasa-Calpe, 1942. pp. 21-22.

A continuación encontraremos algunos sorteos y sorteos-juegos que acostumbran usar nuestros niños en sus juegos así como información que hemos podido recopilar sobre ellos.

Rodrigo Caro nos da cuenta de la existencia en Grecia del sorteo-juego que en Puerto Rico conocemos como ¿Pares o Nones? Los griegos le dieron el nombre de Artiasmo. Los romanos lo conocieron como Par Impar.[13]

En Nuevo México se conoce con el mismo nombre que se conoce en Puerto Rico, y en Alava, España, recibe el nombre de Alendunu. Se juega con alfileres.[14] En Sevilla, España, se llama Morra o Micación.[15]

El sorteo-juego que en Puerto Rico llamamos Cara o Cruz se llamó entre los griegos Ostracinda o Par an impar. Los romanos lo llamaron "Caput aut navis". En España se le conoció antiguamente como Castillo o León. Hoy recibe el nombre de Cara o Cruz.

Según la descripción dada por Llorca, La Taba tiene un parecido con el sorteo al que nos estamos refiriendo. Es de origen egipcio.[16] "Echar un volado" es como se conoce este sorteo-juego en el estado de Tlaxcala en México.[17]

Sobre el sorteo-juego que incluimos en este trabajo con el nombre de La Piedra, la señorita Piri Delanoy, de Guaynabo, nos informa que el que trata de adivinar quién tiene la piedra escoge a un jugador, le toca las orejas, y aquella oreja que, a su juicio, está más caliente, le indica que la piedra está en la mano de ese mismo lado.

Rodrigo Caro nos menciona una costumbre similar en la descripción del juego Daca la china.[18]

El sorteo Pico, pico, mandorico se llamó en el siglo XVI, Sansobuque. La cita del libro de Caro es la siguiente:

---

13. Caro, Rodrigo. Días geniales o lúdricos. Madrid: Espasa-Calpe, 1978. v. 2. pp. 163-167.
14. Espinosa, Aurelio. "New Mexican Spanish folklore", Journal of American folklore. XXIX (1916):66-67 y 157.
15. Caro, Rodrigo. Días geniales. t. 2. pp. 112-113.
16. Llorca, Fernando. Lo que cantan los niños. Madrid: Editorial Llorca y Compañía, 1922. p. 154.
17. Scheffler, Lilliam. Juegos tradicionales del estado de Tlaxcala. México: Secretaría de Educación Pública. Estudios de folklore y arte popular # 3, 1976.
18. Caro, Rodrigo. Días geniales. t. 2. pp. 117-118.

Zarzabuca,
de rabo de cuca,
de cucandar
que ni sabe arar
ni pan comer,
vete a esconder
detrás de la puerta de
San Miguel.[19]

3. **Juegos en círculo.** Las rondas o corros son juegos en los cuales los participantes se toman de la mano y se mueven mientras cantan.

Algunos autores ven en ellos reminiscencias de los bailes de adoración de los dioses o la representación de las revoluciones de los planetas, las constelaciones y las estaciones del año alrededor del sol.[20]

El folklorista cubano Fernando Ortiz los asocia con la creencia antigua de que los remolinos eran danzas de entes invisibles. Los dioses del viento bailaban en vueltas; para propiciarlos o vencerlos, por lo tanto, había que bailar como ellos, en volteretas y rondas.[21]

También los relaciona este autor con los sortilegios para la lluvia y la fecundidad de los campos. Además, los compara con las danzas solares.

Nuestro esfuerzo para este trabajo, sin embargo, no toma ese rumbo. Esperamos poder hacerlo en un futuro, o que otras personas también interesadas en este tema así lo hagan.

Por ahora les presentamos los siguientes corros:

Antón o Martín Pirulero es, según la autora María Cadilla, un juego reciente; sin embargo, Juan Alfonso Carrizo observa que esta rima infantil parece ser muy antigua en la tradición española. Atribuye su aparición a mediados del siglo XVII. Basa su aseveración en la mención que de esta rima se hace en una obra del siglo XVIII.

---

19. Ibid. p. 184.
20. Baring-Gould. *Strange survivals; some chapters in the history of man.* Singing Tree Press. 1968. pp. 5 y 247.
21. Ortiz, Fernando. *El huracán, su mitología y sus símbolos.* México: Fondo de Cultura Económica, 1947. pp. 599-602.

> En Alava comienzan cantando:
> "al pan, al pan, al pan pirulero[22]
> ----------------."

Le llaman *El juego de los oficios*.

Según Joaquín Díaz la palabra pirulero se deriva de perulero, hombre que vuelve del Perú con dinero.[23]

Desde que en Grecia se conoció el *Corro de los besos* existen juegos semejantes a nuestro *Arroz con leche*. Llorca recopiló varios juegos que tienen el mismo asunto: la viudita que se quiere casar: *La viudita, La viudita del Conde Laurel, La viudita y el Conde de Cabra, Arroz con leche*.[24]

Versiones de este juego se encuentran en Murcia, Chile, Argentina, El Salvador, Uruguay, Perú, Colombia, México y Cuba.

El juego *La carbonerita* fue presentado por María Cadilla como *A la buena, a la buena viña*. Esta autora lo incluye entre los juegos del siglo XVIII y posteriores.[25]

El gato y el ratón es conocido en México como *Ratón-ratón*. A diferencia del que se practica en Puerto Rico, en México y en Colombia se establece un diálogo entre el gato y el ratón. Se conoce también en República Dominicana, en Brasil, Dinamarca e Italia.[26]

Tanto María Cadilla como Monserrate Deliz toman los juegos *El zapatero* y *La cojita* separadamente.

En la versión recogida en este trabajo (Véase página 83), la primera parte constituye el juego al que estas dos autoras llaman *El zapatero*.

A la segunda parte del juego *El zapatero*, la doctora Cadilla lo llama *Desde chiquitita que soy*. La doctora Deliz lo incluye en su libro

---

22. Carrizo, Juan Alfonso. *Cancionero popular*. p. 103.

23. Díaz, Joaquín. *Palabras ocultas en la canción folklórica*. Madrid: Ediciones Taurus, 1971. p. 45.

24. Llorca, Fernando. *Lo que cantan*. pp. 90-100.

25. Cadilla, María. *La poesía popular en Puerto Rico*. Tésis sometida para el grado de Doctor en la Facultad de Filosofía y Letras de la Universidad Central de Madrid, (1933). pp. 181-182.

26. Scheffler, Lilliam. *Juegos tradicionales*. p. 50; y descripción verbal de Elsa Valerio de la República de Colombia.

como *La cojita*. Dice que esta canción pertenece a la zarzuela *El húsar de Carrascosa*.[27]

La cojita es un juego de origen francés. Probablemente de fines del siglo XVIII o principios del siglo XIX.

El corro que incluimos en este trabajo con el nombre de *La pájara pinta* es, según Ana Margarita Aguilera, "una cancioncita infantil española, probablemente del siglo XVI".[28] Se juega en Chile, Cuba, Argentina, México y Venezuela, aunque en algunos de estos países se le llama *La palomita blanca*.

En Uruguay, Perú y Colombia recibe el nombre de *Pájaro tinto*.

Respecto al juego *Las caraqueñas* citamos directamente del libro *La poesía popular en Puerto Rico:* "El insigne folklorista español D. Francisco Rodríguez Marín nos ha dicho que en el siglo XVIII era cantado en los cortijos de España con música de un instrumento rústico que se hacía de dos huesos de burro o cañas atadas con tiras de cuero muy finas. Este instrumento se colgaba del pecho tocándose con una raqueta de madera con la cual se producía un sonido como el de las castañuelas. Llamábase el instrumento "La carrasquiña". De él probablemente, por analogía, el baile tomó en Puerto Rico el nombre de "Las caraqueñas", pues desconociendo los habitantes de la isla el instrumento español y familiarizados, en cambio, con los venezolanos procedentes de Caracas, sustituyeron fácilmente los nombres."

Basándose en lo anteriormente expuesto, esta autora deduce que el cantar-juego llegó a nuestra Isla con los emigrantes venezolanos que llegaron a Puerto Rico desde el año 1811.[29]

Sin embargo, de una carta de la profesora venezolana Isabel Aretz, fechada el día 22 de septiembre de 1983, citamos a continuación lo que ella nos informa al respecto: "En Venezuela no se practica actualmente; más aún, yo diría que es totalmente desconocido."

La doctora Aretz nos incluye copia del artículo *El baile de la caraqueña* que para el *Boletín del Instituto de Folklore* escribió el

---

27. Cadilla, María. *Juegos y canciones infantiles de Puerto Rico*. San Juan: Imprenta Baldrich, 1940. p. 227 y Deliz, Monserrate. *Renadío del cantar folklórico de Puerto Rico*. Madrid: Talleres y Editorial Hispana, 1951. pp. 118-121.

28. Aguilera, Ana Margarita. *El cancionero infantil de Hispano-América*. La Habana: Biblioteca Nacional José Martí, 1960. pp. 39-44.

29. Cadilla, María. *La poesía*. p. 171.

folklorólogo español José Pérez Vidal (*Boletín del Instituto de Folklore*, Vol. II, No. 4, junio de 1956). En este artículo encontramos la noticia de que en las Islas Canarias (específicamente en Tenerife, Hierro y La Palma) el juego recibe el mismo nombre que en Puerto Rico. La letra es casi igual a la que usamos en nuestro país.

En el artículo a que hacemos referencia, el autor informa el nombre que recibe el juego en distintas partes de España. Aduce él que no existiendo ni en Canarias ni en Puerto Rico los instrumentos llamados carrasquiña ni carrasqueña, el nombre original del juego —*La carrasquiña*— perdió sentido. Por otro lado, teniendo ambos países relaciones frecuentes con Caracas, por un fenómeno que él llama etimología popular, el nombre del juego se convirtió en *Las caraqueñas*.

Todos los autores que han estudiado la canción *Mambrú* coinciden en que la misma es de origen francés. Algunos estiman que surgió en el siglo XVI para celebrar los funerales del Duque de Guisa. Pero la versión más aceptada es la que asegura que hizo su aparición en el siglo XVIII. En ella se da anuncio de la muerte del general inglés, John Churchill, duque de Marlborough. Se llamó originalmente "Malbrough s'en va t' en gue-rre".

A continuación transcribimos los nombres que recibe este romance en distintos países:

En Francia	— Malbrough s'en va t' en guerre	
España	— Mambrú se fue a la guerra	
	Elisa de Mambrú	
Argentina (Mendoza)	— Mambrú se fue a la guerra	
	Marín se fue a la guerra	
	Mambrú se va a la guerra	
México	— Mauro se va a llamar	
Chile	— Mambrú se fue a la guerra	
	Membrum se fue a la guerra	
Bolivia	— Mambrú se va a la guerra	

Algunos estribillos, cuyas curiosas variedades nos ha llamado grandemente la atención son:

I	— Mirondón, Mirondón, Mirontaine	— Francesa
II	— Birondón, birondón, birondera	— Catalana
III	— Mira amor, mira amor y que pena	— Asturias
IV	— Tun, tun, tun, tela	
	Virondón, virondón, virondela	— Catamarca

V	— Mirón, domirun, domirun, deu	— San Juan
VI	— Chiribí, chiribí, chin, chin	— Buenos Aires
VII	— Din, din, din, din, din	— Chascó
VIII	— Dominus, dominus, deum	— Chile

Nuestra *Naranja dulce* existe, entre otros países, en El Salvador aunque en algunos sectores de ese país se conoce como *El Limón* y aparece fundido con el que nosotros conocemos como *La pájara pinta*.[30]

4. Juegos en hilera. Es interesante observar que el tema principal en la mayoría de los juegos en hileras es la petición de alguien o de algo: esposa, paje, etc. Generalmente los participantes se toman de las manos lo que crea un ambiente de solidaridad.

Frecuentemente estos juegos van acompañados de canciones de ritmo alegre. En muchas ocasiones constituyen la dramatización de un cuento corto y al final todos celebran alegremente.

Al animó es una canción castellana que en nuestro suelo se convirtió en *A la limón*. Este juego se encuentra en toda América Hispana. En Cuba es *Al animó*, en Chile recibe el nombre de *Alé limón, alé limón*, en Perú le conocen como *El sol y la luna*, y *Pasen, pasen caballeros* es su nombre en México.

Cabal hace unas anotaciones muy interesantes en las que se refiere a varios autores que han tratado de describir qué quiere decir Alalimón. Cabal concluye que: "sus versos originales debieron contener afanes mágicos, para curar algún mal, —y acaso lo dejaron en España cuando iban hacia Santiago, algunos peregrinos antañones en el camino francés..."[31]

Fernando Llorca estima la aparición de este juego en el siglo XVII, apoyándose en una cita de Alonso de Ledesma:

> *Ora, lirón, lirón*
> *caídas son las fuentes*
> *mandadlas adobar.*[32]

---

30. Baratta, María. *Cuzcatlan típico.* San Salvador: Ministerio de Cultura. p. 579

31. Cabal, C. *Contribución al diccionario folklórico de Asturias.* Oviedo: Gráfica Summa, 1955. pp. 143-149.

32. Llorca, Fernando. *Lo que cantan.* pp. 104-105.

"J'ai un bon chateau" es un juego francés que fue introducido en España en el siglo XIX. En español significa "Yo tengo un buen castillo". Los niños españoles cambiaron su título por *Ambos ató* cuya pronunciación les pareció más familiar. Los niños de nuestro país hicieron lo propio y le dieron por nombre *Ambos a dos* que es como hoy conocemos este juego en Puerto Rico.

María Cadilla, en su libro sobre poesía popular, lo nombra *El matarile*. En este trabajo incluimos *Ambos a dos* y *Matarile* como dos juegos distintos, pues sus asuntos y entonaciones son diferentes.

El juego *Compay Jo* fue publicado por María Cadilla con el título de *Periquito el Salteador*. Esta autora informa de la existencia de este juego en Cuba donde se le conoce como *Periquito Goloso*, y en Argentina con el nombre *Catita ha*. En Portugal es *Fernao Quemao* o *Ferré Quemao* y en Brasil, *Villao Cabo*.

Alonso de Ledesma publicó en el siglo XVII, con el nombre de *Fray Juan de las cadenetas*. En España se conoce como *Compadre Ajo* y en Italia le nombran *A longa catena*.

Rodrigo Caro, aludiendo a una mención que hace Tito Lucrecio Caro de este juego, lo supone de origen latino.

La Señorita Elena fue un baile muy extendido por España en el siglo XVI. En Sevilla se conoció como *La jeringonza del Fraile*.

La Víbora es uno de los juegos que María Cadilla incluye entre los originados en el siglo XVIII. En la versión original aparecen las palabras "monsieur" y "madam" y la frase Puerta de Alcalá. Los niños puertorriqueños sustituyeron esas palabras por misín y misán que le son menos difíciles de pronunciar. La puerta de Alcalá fue sustituida por la Puerta del Cajón.

En Argentina los niños hicieron lo propio y la cantan de la siguiente manera:

Pase mi si
Pase mi sol
Por la Calle Catalán.

El romance que conocemos en Puerto Rico como *Hilo verde* se conoció en España en el siglo XVI con el nombre de *Hebritas de oro traigo*. Fue recogido en la obra que sobre los juegos infantiles de ese siglo escribió el autor español Francisco Rodríguez Marín.

Este romance está difundido por América con distintos nombres, algunos de los cuales son:

Chile	— Vamos jugando al hilo de oro y El hilo de oro
México	— Hilitos de oro
Argentina	— Hilo de oro, Hilito de oro e Hilo de oro, hilo l'plata
Colombia	— Filito de oro, Hilito, hilito de oro, Escogiendo novia
El Salvador	— Chinchirivin y El zafarrancho

Ninguna de las personas entrevistadas para este trabajo recuerda haber cantado la siguiente estrofa que incluyen los autores María Cadilla, Fernando Llorca y Bonifacio Gil:

> Sentadita en silla de oro
> bordando paños al rey,
> y azotitos con correa
> cuando sea menester.[33]

5. **Juegos con objetos.** A pesar de que cada día son más los juguetes que se pueden adquirir en las tiendas, los niños siempre utilizan objetos que se encuentran a su alrededor para confeccionar con ellos sus propios juguetes.

Sobre las características que debe poseer un objeto de juego la autora cubana Concepción F. Alzola, citando a Buytendijk nos dice: "No se juega sino con figuras. El objeto del juego del animal y del niño nunca tiene el carácter de un objeto intelectualmente determinado; no es un algo, sino un cómo, que se forma o figura en el proceso circular de la atracción y de la reacción a ella, del mover y ser movido, aunque el que juega no sepa nada del proceso."[34]

Recordemos algunos juegos y juguetes que disfrutamos en nuestra niñez y veremos que, en esos juegos, y como juguetes, usábamos objetos que encontrábamos en la comunidad.

Los aros eran ya conocidos por los niños griegos. Eran hechos de

---

33. Rodríguez Marín, Francisco. *Cantos populares españoles.* v 3, 1883. pp. 40-41, y Cadilla, *Juegos y Canciones.* p. 115.

34. Alzola, Concepción. *Folklore del niño cubano.* Cuba: Universidad Central de Las Villas, 1962, v. 2. p. 91.

hierro, con frecuencia tenían campanillas para que sonaran mientras rodaban.

También de origen griego son: bolas, bolos, yo-yos, columpio, peregrina y el trompo.

La mosca de metal corresponde a la *Musca aenea* o *Gallina bubu* que es como los latinos conocieron el juego que en Puerto Rico llamamos *La gallinita ciega*. Los catalanes lo llaman *El paput*, los italianos lo nombran *Mosca cieca* y los portugueses le dan el nombre de *Jogo de cabra cega*.

En América este juego es conocido en México, Bolivia, Argentina, Chile y República Dominicana.

El juego que en este trabajo lleva el nombre *Juanito se murió* era jugado por los niños romanos. Sin embargo, Fernando Llorca le adjudica su aparición al siglo XVII. A partir de esa fecha se acompaña con la siguiente copla:

> —*Sopla, vivo te lo doy;*
> *si muerto me lo das,*
> *tú lo pagarás.*

Los famosos volantines tienen disputado su origen entre el sabio helénico Arquitas de Tarento y el general chino Han Sin.

Estos interesantes juguetes se conocen en toda América y reciben diversos nombres de acuerdo a su tamaño.

Chichigüa es el nombre que recibe en la República Dominicana el juguete al que estamos refiriéndonos. Papalote es en México; en el nordeste de Brasil se le conoce como Arraia; en Venezuela recibe el nombre de Papagayo, y en Paraguay lo nombran Pandorga, barrilete o cometa.

6. **Juegos de formación dispersa.** Algunos juegos ofrecen al niño la oportunidad de brincar, correr y estar en constante movimiento. Tal es el caso de los juegos que presentaremos en esta sección de nuestro estudio.

El juego *Candela* hizo su aparición por primera vez en España en el siglo XVI con el nombre *¿Está acá tu madre?* También se conoce en España como *Casita Casquilá*; en Italia recibe el nombre de *Forbicetta*; en Chile se conoce como *Los huevos*; en Cuba le llaman *¿Me dan candelita?*; y en Portugal lo nombran *Os cantinhos* y también *Quatro cantos*.

Este juego también se conoce en El Salvador, Colombia y República Dominicana.

Juan el tuerto o *Juan del Guerto* es el nombre por el cual se conoció en España, en el siglo XIX nuestro *¿Quién se ha muerto?*

El juego *Pumpuñete* nos fue informado solamente por informantes mayores de cuarenta años de edad. Según María Cadilla, tuvo su origen en el siglo XVI con el juego *Pez pecigaña*.

Rodrigo Caro afirma que este juego, de origen romano, es uno de los que quedan de una serie de juegos llamados apuñearse o pugilatus. Este autor lo recoge como *Juego de los puñetes*.

La pájara pinta	La cojita	El zapatero	El patio de mi casa	El gato y el ratón	Doña Ana	Carbonerita	Arroz con leche	Antón Pirulero	Pico, pico Mandorico	La piedra	La gallina	Cara o cruz	¿Pares o Nones?	Tortitas	Pon, pon	Andando, andando	Autor
*	*	*		*		*	*									*	JUAN CARRIZO
							*			*			*	*		*	FRANCISCO RODRIGUEZ MARIN
												*	*	*		*	VALERIO SERRA BOLDU
							*	*			*	*	*			*	FERNANDO LLORCA
				*	*		*			*	*					*	JOSE A. LEON REY
*	*		*	*	*	*	*									*	EDNA GARRIDO
								*	*		*	*	*			*	RODRIGO CARO
													*				AURELIO ESPINOSA
*		*	*			*						*					LILIAN SCHEFFLER
*	*			*		*	*			*							TERESA ALZOLA
*	*	*		*		*	*	*									MARIA CADILLA
							*										CABAL C.
							*										JOAQUIN DIAZ
	*						*										RAMON LAVAL
					*		*										ALBERTO SEVILLA
							*										MARIA BARATTA
*	*						*										CARLOS M. VALLEJO
*					*		*										EMILIO ROMERO
*																	JOSE I. IRIGOYEN
				*													FRADIQUE LIZARDO
				*													ETHEL B. MEDEIROS
		*	*														MONSERRATE DELIZ
*																	ANA M. AGUILERA
*																	JENNIE FIGUEROA
																	MARIGLORIA PALMA
																	IGNACIO DEL ALCAZAR
																	EUGENIO OLAVARRIA
																	FRANK DOUGHTERY
																	HELENA VOLDAN
																	CESAREO ROSA NIEVES
																	ANTONIO MACHADO
																	PEDRO ECHEVARRIA
																	BONIFACIO GIL
																	CECIL BOWRA
																	PAULO DE CARVAHLO
																	DOROTHY KAMEN
																	PAUL G. BREWEST
																	RAMON PIÑA
																	CARMIÑA VERDEJO
																	RAQUEL GALLAGER
																	CECILIA ISTURIZ

Algunos juegos infantiles que han sido incluidos en el presente estudio y los autores que los han mencionado.

Billalda	Frontón	Bola	Balero	Aros	Hilo verde	La vibora	La señorita Elena	Compay Jo	Ambos a dos	¡Qué llueva!	A la limón	San Sereni del Monte	San Sereni	Naranja dulce	Mambrú	Las caraqueñas	
					★	★		★	★	★		★			★		JUAN CARRIZO
					★			★								★	FRANCISCO RODRIGUEZ MARIN
							★							★	★		VALERIO SERRA BOLDU
		★			★			★		★					★		FERNANDO LLORCA
			★		★			★	★								JOSE A. LEON REY
			★			★		★	★	★	★	★		★			EDNA GARRIDO
★	★							★									RODRIGO CARO
																	AURELIO ESPINOSA
		★								★				★			LILIAN SCHEFFLER
							★	★	★	★				★		★	TERESA ALZOLA
		★			★	★		★	★	★		★	★	★	★	★	MARIA CADILLA
							★			★							CABAL C.
																	JOAQUIN DIAZ
												★					RAMON LAVAL
									★								ALBERTO SEVILLA
					★				★				★	★			MARIA BARATTA
										★							CARLOS M. VALLEJO
													★				EMILIO ROMERO
																	JOSE I. IRIGOYEN
																	FRADIQUE LIZARDO
																	ETHEL B. MEDEIROS
																★	MONSERRATE DELIZ
					★	★					★				★		ANA M. AGUILERA
					★			★	★							★	JENNIE FIGUEROA
									★	★						★	MARIGLORIA PALMA
					★												IGNACIO DEL ALCAZAR
																	EUGENIO OLAVARRIA
															★		FRANK DOUGHTERY
								★									HELENA VOLDAN
					★												CESAREO ROSA NIEVES
					★												ANTONIO MACHADO
					★												PEDRO ECHEVARRIA
					★												BONIFACIO GIL
				★													CECIL BOWRA
		★															PAULO DE CARVAHLO
		★															DOROTHY KAMEN
			★														PAUL G. BREWEST
		★															RAMON PIÑA
★																	CARMIÑA VERDEJO
																	RAQUEL GALLAGER
																	CECILIA ISTURIZ

Algunos juegos infantiles que han sido incluidos en el presente estudio y los autores que los han mencionado.

El florón	Pumpuñete	¿Quién se ha muerto?	Esconder	La cinta	Chico paralizado	Candela	Frío o caliente	Volantines	Trompo	Peregrina	Las muñecas	La piedra	Juanito se murió	Hondas	Gallinita ciega	Columpio	Bolos	
	*														*			JUAN CARRIZO
	*	*											*		*			FRANCISCO RODRIGUEZ MARIN
*							*											VALERIO SERRA BOLDU
	*		*	*		*	*		*				*		*			FERNANDO LLORCA
				*														JOSE A. LEON REY
			*		*		*		*				*	*				EDNA GARRIDO
	*	*						*	*	*			*	*	*	*	*	RODRIGO CARO
	*		*												*			AURELIO ESPINOSA
			*		*			*	*	*		*						LILIAN SCHEFFLER
																		TERESA ALZOLA
*	*		*		*										*			MARIA CADILLA
																		CABAL C.
																		JOAQUIN DIAZ
															*			RAMON LAVAL
																		ALBERTO SEVILLA
*																		MARIA BARATTA
*																		CARLOS M. VALLEJO
																		EMILIO ROMERO
																		JOSE I. IRIGOYEN
*							*								*			FRADIQUE LIZARDO
								*										ETHEL B. MEDEIROS
*																		MONSERRATE DELIZ
																		ANA M. AGUILERA
						*												JENNIE FIGUEROA
																		MARIGLORIA PALMA
																		IGNACIO DEL ALCAZAR
																		EUGENIO OLAVARRIA
																		FRANK DOUGHTERY
																		HELENA VOLDAN
																		CESAREO ROSA NIEVES
						*						*						ANTONIO MACHADO
																		PEDRO ECHEVARRIA
*																		BONIFACIO GIL
																		CECIL BOWRA
*										*								PAULO DE CARVAHLO
							*	*										DOROTHY KAMEN
							*	*										PAUL G. BREWEST
																		RAMON PIÑA
														*	*			CARMIÑA VERDEJO
																		RAQUEL GALLAGER
								*	*									CECILIA ISTURIZ

Algunos juegos infantiles que han sido incluidos en el presente estudio y los autores que los han mencionado.

JUEGOS INFANTILES

I. ENTRETENIMIENTOS PARA EL BEBÉ

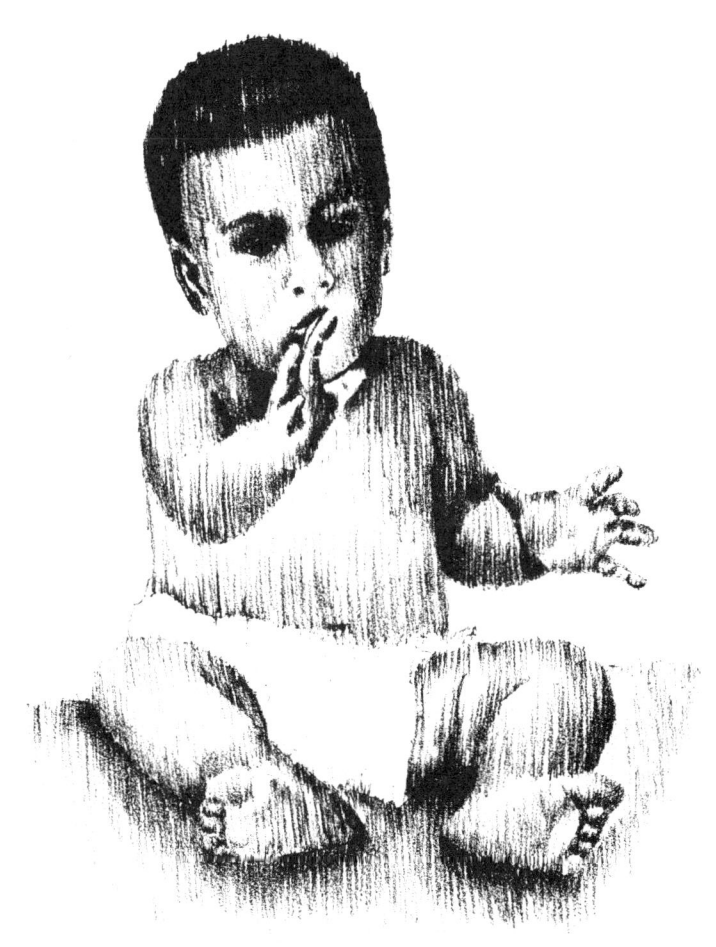

ANDANDO

Para ayudar al niño a dar sus primeros pasos alguien mayor que él le toma de la mano y lo incorpora. Camina poco a poco de la mano con él mientras le va cantando o recitando:

> *Andando, andando*
> *que la Virgen te*
> *va ayudando.*[35]

ASERRIN, ASERRAN

A- se- rrín, a- se- rrán, los ma- de- ros de San Juan. Los de Juan co- men pan, los de Pe- dro co- men que- so, los de En- ri- que al- fe- ñi- que, ri- que, ri- que, ri- que, rán.

Alguien sienta al niño a horcajadas sobre su rodilla. Lo sujeta fuertemente de las manos y mientras lo balancea hacia adelante y hacia atrás le recita o le canta.

---

35. También dice en la última estrofa:
    Va enseñando.

1. *Aserrín, aserrán*
   los maderos de San Juan.
   Los de Juan comen pan,
   los de Pedro comen queso,
   los de Enrique alfeñique,
   rique, rique, rique, rán.

2. *Aserrín, aserrán*
   los panaderos de San Juan.
   Piden pan y no le dan,
   piden queso y le dan hueso.

LA CARNE

Alargando el brazo del bebé, el compañero de juego de éste hace como que va cortando en trocitos el brazo del bebé mientras le dice:

Yo no quiero carne
ni de aquí, ni de aquí
ni de aquí, sólo de aquí.
De aquí, de aquí.

Al decir esto último le hace cosquillas al bebé provocando así su risa.

GONGOLONCITO COLORAITO

A veces, este mismo juego se acompaña con:

Gongolocinto coloraíto
busca la cueva
como candela.

Al decir candela le hace cosquillas al bebé.

CINCO LOBITOS

Mientras se le mueve la mano abierta graciosamente al bebé se le canta:

*Cinco lobitos
tenía la loba,
blancos y lindos
detrás de la loma.*

*Cinco tenía
cinco cuidaba,
a todos cinco
leche les daba.*

La Sra. Carmen Alvira recuerda la siguiente versión cantada por su mamá a sus hermanos más pequeños:

*Cinco lobitos
tenía la loba
y todos le andan
detrás de la cola. (2 veces)*

CINCO POLLITOS

Se toma la mano abierta del bebé y mientras se le van doblando los deditos uno a uno hacia la palma de su mano, comenzando por el dedo pulgar, se le dice:

> *Cinco pollitos*
> *tiene mi tía.*
> *Uno le canta.*
> *Otro le pía*
> *y otros le tocan*
> *la sinfonía.*

Al decirle: *otros le tocan la sinfonía,* se le doblan los tres deditos restantes.

DON MELITON

Don Me- li- tón te- ní- a tres ga- tos que los ha- cí- a brin- car en un pla- to y por las no- ches le da- ba tu- rrón. Que vi- van los ga- tos de don Me- li- tón!

Se coloca al niño, cogido por las manos, en uno de los muslos, de frente al que le va a cantar. Mueve su pierna de arriba hacia abajo llevando el compás de la siguiente canción:

Don Melitón, tenía tres gatos
que los hacía brincar en un plato
y por las noches le daba turrón.
¡Que vivan los gatos de don Melitón!

Don Melitón como era tan chato,
le decían narices de gato.
Y los gatos se le han escapa'o
                (hace una pausa)
comiendo ratones a medio boca'o.

JINGUILI, JINGUILI

Cuando el adulto ve que el niño está mirando hacia un objeto con deseos de alcanzarlo, le dice:

Jínguili, jínguili
está colgando,
Jóngolo, jóngolo
está mirando.
Si jínguili, jínguili
se cayera,
jóngolo, jóngolo
se lo comiera.

A veces, con el objeto de jugar con el niño, o hacer que desista de hacer algo, el adulto hace colgar algún objeto en frente, pero no al alcance del niño, y le dice el mismo verso. En ocasiones hace mover el objeto en distintas direcciones lo que imparte más gracia al juego.

LA LINDA MANITA

La lin-da ma- ni-ta que tie-neel be- bé, qué lin-da, que be-lla, que gra-cio-sa es!

Se le coge la mano al bebé y moviéndola graciosamente se le canta:

> La linda manita
> que tiene el bebé
> ¡Qué linda, qué bella,
> qué graciosa es!

o

> ¡Qué linda manita
> la que tengo yo!
> ¡Qué linda manita
> que Dios me la dio!

o

> ¡Qué linda manita
> la que tengo yo!
> ¡Qué linda, qué bella,
> que Dios me la dio!

EL PAJARITO

El que juega con el niño señala hacia un sitio alto mientras le dice al bebé:

Mira qué pajarito sin cola.

Al mirar el bebé hacia el sitio señalado, el que juega con él aprovecha la oportunidad para hacer cosquillas al cuello del bebé mientras le dice:

¡Mamola, mamola, mamola!

MANITA MONGA

Se le toma la mano al bebé, dejándola flexible. Mientras se le mueve la mano suavemente se le dice:

> *Manita monga.*
> *Manita monga.*
> *Manita monga*
> *Manita ¡Pa!*

Al decir ¡Pa! se le da suavemente en la mejilla al bebé con su propia mano para provocar la risa.

LA PALOMA

La persona que juega con el bebé coloca su dedo índice en el centro de la planta del pie del bebé. Mientras mueve su dedo despacio en forma circular cubriendo toda la planta del pie del mismo dice:

> *Había una paloma*
> *volando, volando,*
> *volando-----*

Cuando ya ha dado toda la vuelta a la planta del piececito, le toma el dedo pequeño de ese mismo pie y le dice:

> *Este la mató*

luego toma el dedo contiguo

> *Este la cogió*

y así sucesivamente

> *Este la peló.*
> *Este la cocinó.*

Apretándole el dedo gordo

>   Y éste se la comió

Al decir "comió" le da movimiento circular a ese dedo, lo que debe provocarle risa al bebé.

PON, PON

Pon, pon, ne- na pon el de- di- to en el pi- lón.

El bebé, ayudado por un adulto cuando es muy pequeño, luego él sólo, cierra uno de sus puños dejando solamente uno de sus dedos por fuera verticalmente. Mientras da en el centro de la palma de su otra mano con el dedo que ha dejado fuera del puño le van cantando:

>   *Pon, pon,*
>   *nena, pon,*
>   *el dedito en el pilón.*

>   *Pon, pon,*
>   *nena, pon,*
>   *el dedito en el pilón...*

SANA, SANA

Cuando el bebé se cae o se da un golpe se le suele decir mientras se le pasa la mano suavemente sobre el área afectada:

>   *Sana, sana*
>   *culito de rana.*
>   *Si no sanas hoy,*
>   *sanarás mañana.*

*Sana, sana
culito de rana.
Si no sanas hoy,
sanarás mañana.*

TOPE, TOPE
TOPI, TOPI

Se coloca al niño en la falda, de frente al que lo tiene cogido a horcajadas sobre sus piernas. Se toma por ambas manos y se va acercando al bebé halándolo suavemente mientras, inclinándose hacia él le dice:

*Tope, tope.
Tope, tope,
tope,---
-------*

Al juntarse ambas frentes se le dice:

Tope, ¡Carnero!

lo que produce la risa en el bebé.

TORTITAS

Tor- ti- tas, tor- ti- tas, tor- ti- tas de man- te- ca. Tor- ti- tas, tor- ti- tas, pa- ra ma- má que te da la te- ta.

El bebé, ayudado por otra persona mientras es pequeño, luego él sólo, da palmadas mientras le cantan cualquiera de los siguientes versos:

Tortitas, tortitas
tortitas de manteca
tortitas, tortitas,
para mamá
que te da la teta.

Tortita, tortita
tortita de pan y queso
para abuelito,
que me da besos.

Tortita, tortita
tortitas y tostones
para papá
que da calzones.

Tortita, tortita
de pan y huevo
para mamá
que está en el pueblo.

Tortita, tortita
tortita de casabe
para mamá
que bien lo sabe.

Tortita, tortita
tortita de casabe
para mamá
que no lo sabe.

LOS DEDOS

Los siguientes versos se dicen mientras se va tocando cada dedo del bebé:

— *Comamos*
— *no hay qué*
— *Dios dará*
— *Robémosle la llave a mamá*
 que debajo de la cama está.
— *ni crezca, ni mengüa*
 si no se le dijera a mamá
 cuando venga.

— *Este niño pide pan.*
— *Este dice que no hay.*
— *Este dice -¿Qué haremos?*
— *Este dice -robaremos.*
— *Y este dice -no, eso no,*
 que nos mata Dios.

— *Este compró un huevo.*
— *Este lo puso a hacer.*
— *Este le echó la sal.*
— *Este lo sasonó.*
— *Este pícaro gordo se lo comió.*

En esta descripción de los dedos se empieza con el dedo pulgar:

— *Esta es la madre.*
— *Este es el padre.*
— *Este es el hermano mayor.*
— *Esta es la hermana*
 siempre adornada
— *y este es el regalón.*

LAS JABAS
(Las habas)

Mientras el bebé está sentado o acostado, se le sujeta por ambos pies y se le recitan los siguientes versos:

> *Estos piececitos*
> *fueron a coger las jabas;*
> *vino el guardia del jabal*
> *y uno corre por aquí*
> *y otro corre por allá.*

Al decir los últimos dos versos se le separan los piececitos al bebé.

LA PALMA

El que juega con el bebé lo coloca de pie en su falda de frente hacia él. Lo sujeta por ambas manos y le canta:

> *Sube a la palma.*
> *Tumba gandures.*
> *Por los que tumbes,*
> *tú no te apures.*

Mientras le canta, el bebé tratará de subir hasta el pecho del que juega con él.

CABALLITO

Todo lo que el niño pequeño necesita para montar a caballo es una persona mayor que él que le permita montarse a horcajadas sobre su nuca o que se coloque en cuatro patas y le permita subirse a su espalda.

Caminando, la otra persona le hace disfrutar de un buen paseo a caballo.

II. SORTEOS

CARA O CRUZ

Este juego suele usarse para sortear turnos o para ganar un objeto. Se necesita una moneda. El lado de la moneda donde aparece una efigie recibe el nombre de cara y al otro lado de la moneda le llaman cruz.

Cada uno escoge cara o cruz y lo dice verbalmente. Con esto ha dejado expresado qué lado de la moneda quedará expuesto a la vista de todos al ser arrojada al aire y luego caer en una superficie plana.

Uno de los participantes o un tercer niño arroja la moneda al aire. Para así hacerlo, coloca la moneda horizontalmente sobre su dedo pulgar el cual estará descansando sobre el puño de su mano cerrada. Impulsa con fuerza el dedo hacia arriba lo que hace que la moneda vuele por el aire y luego caiga al piso. Se acercan a ver cuál de las partes quedó a la vista de todos.

Gana el que acertó a adivinar cuál parte quedó hacia arriba.

Siempre tiene que caer plana, de no ser así tiene que tirarla otra vez.

Si se usó para sortear turnos, quien acertó será el líder del juego. También puede ser el que quede eliminado. Cualquiera de estas alternativas tiene que haber sido decidida antes de empezar a jugar.

Los niños de once a doce años entrevistados informan que ellos juegan *Cara o Cruz* de dos maneras. Si la juegan entre dos niños, el que adivinó gana la moneda o el objeto que esté apostando: chinos,[36] cartas, etc.

Suelen jugarlo además por equipo teniendo cada uno de los equipos un líder que tirará la moneda al aire luego de preguntarle a uno de los participantes del bando contrario: ¿Cara o Cruz?

Se sigue el mismo procedimiento descrito anteriormente. Se anota un punto para su equipo cada vez que acierte.

Los equipos han de tener igual número de jugadores. Cada uno de los jugadores tendrá una oportunidad para participar.

Los turnos serán alternados y al finalizar el juego ganará el equipo que más puntos haya logrado acumular.

---

36. bolitas de cristal

EL AEROPLANITO

Los participantes forman un círculo sin cogerse de manos, en el centro estará el director del juego.

Este, mientras va tocando en el pecho a cada uno de los participantes, va diciendo o cantando:

> *Un aeroplanito*
> *iba[37] por el aire.*
> *Tiró una bolita[38]*
> *¿Dónde fue a parar?[39]*

Aquel niño en cuyo pecho estuviere la mano del líder al pronunciar la última sílaba, dirá el nombre de un lugar.

Por ejemplo, si contesta:

> *¡Mayagüez!*

El líder dividirá esa palabra en sílabas, mientras va tocando otra vez el pecho de los participantes, empezando con el que quede a la izquierda del que contestó. Puede empezar con el que contestó si lo habían acordado así de antemano.

Aquel a quien él toque a la vez que dice la última sílaba, se retira. Continúa el juego con el que quede a la izquierda del que se tuvo que retirar.

Otra versión de este juego: luego de contestar dónde fue a caer, el líder añade mientras sigue el mismo procedimiento:

> *Butín, butero*
> *tú te sales de la rueda[40]*
> *por canalla y embustero*

---

37. volaba o viajaba
38. un papelito
39. caer
40. te sales de'ste juego

EL CIELO ES AZUL

Forman un círculo sin tomarse de la mano. Un participante, en el centro del círculo, va tocando o señalando a cada uno de los demás participantes mientras va diciendo:

El cielo es azul,
¿Cuántos años tienes tú?

Aquel a quien él le preguntó, contesta. El participante que está en el centro cuenta hacia la derecha del que contestó tantos niños como años él dijo tener.

Aquel niño que sea el último en ser señalado se convierte en líder del juego.

EL ENANITO

Los participantes forman una rueda. El líder estará en el centro de la misma. Mientras va diciendo la siguiente copla toca el pecho de cada uno de los participantes:

Enanito fue a La Habana
y me trajo un delantal.
Cada vez que me lo pongo
me dan ganas de llorar.

Queda eliminado aquel participante a quien el líder toca cuando dice la última palabra.

A veces añaden lo siguiente mientras continúan el mismo procedimiento:

Yo tiro la cuchara
y tiro el tenedor,
yo tiro de los platos
y me voy pa' Nueva York.

El que quede sin eliminar será el líder del juego.

EL INGLES

Forman un círculo con el líder en el centro. Mientras el líder va tocando el pecho de cada uno de los participantes dice:

> *Una vez fueron tres*
> *al palacio del inglés.*
> *El inglés sacó la espada*
> *y mató al cuarenta y tres.*

Al que el líder toque cuando dice la última palabra, se elimina. Sigue el sorteo hasta que solamente quede un participante quien se convierte en el líder del juego.

LA GALLINA

Los participantes, menos el líder, colocan su mano sobre una superficie plana. El líder va pellizcando la mano o los dedos de los demás participantes mientras va diciendo:

> *La gallina colorá'*
> *puso un huevo en la quebra'*[41]
> *puso uno, puso dos,*
> *puso tres, puso cuatro,*
> *puso cinco, puso seis,*
> *puso siete, puso ocho,*
> *¿Cuántos huevos más pondrá?*

El jugador cuya mano pellizcó al decir pondrá, quita la mano de sobre la superficie. Sigue el juego de la misma manera hasta que solamente un jugador tenga una de sus manos a la vista de todos. Ese se convierte en líder del juego.

Este juego suele ir precedido por Tin Marín (Véase Pág. 60 de este trabajo).

---

41. en la niá

LA MANZANA

Los participantes colocan sus manos sobre una superficie plana. El líder va pellizcando las manos de los demás compañeros de juego, mientras va diciendo:

> *La manzana se pasea*
> *de la sala al comedor.*
> *No me pinches con cuchara*
> *pínchame con tenedor.*
>
> *Al subir una montaña*
> *una avispa me picó.*
> *La cogí por las pestañas*
> *y se me escapó.*
> *Butín, butero*
> *Tú te sales de este juego*
> *por canalla y embustero.*

El jugador a quien pertenece la mano que pellizcó el líder al decir la última sílaba, saca esa mano del juego. Sigue el sorteo de la misma manera hasta que solamente una mano queda a la vista de todos. El jugador a quien pertenece esa mano será el líder.

Si lo juegan con los dedos, el líder pellizca cada dedo de cada uno de los participantes. Van escondiendo los dedos uno a uno hasta que solamente un dedo queda sobre la superficie.

LA RAYA

Cada uno de los participantes tira una piedrecita hacia una pared o hacia una raya previamente trazada en el piso. Los turnos se ganan según la proximidad a la pared o raya.

El que quede más cerca de la raya o pared será el primero o el líder, y así sucesivamente. En caso de empate, los que han quedado empatados vuelven a tirar. Los demás turnos se tienen que acomodar al desempate.

LA VIEJA Y LAS PAPAYAS

Mientras va pellizcando cada dedo de la mano que sus compañeros han colocado sobre una superficie plana, el líder va diciendo:

>*Una vieja fue a la playa*
>*a buscar una papaya.*
>*La papaya no servía*
>*vete vieja con tu porquería.*

El participante a quien el líder le tocó el dedo en ese momento, esconde ese dedo. Así sucesivamente, hasta que uno de los participantes esconde todos sus dedos convirtiéndose así en ganador o en líder del próximo juego.

LOS PALILLOS

Recuerdo haber sorteado los turnos para brincar cuica de la siguiente manera:
    El líder pica palillos de fósforos o aplicadores en distintas longitudes. Coloca los palillos en su puño cerrado de manera que la parte de estos que quede a la vista sea igual en longitud. Los demás participantes escogen un palillo cada uno y lo sacan del puño. El que escoja el palillo más largo será el primero en brincar la cuica, y así sucesivamente.

LLENO O VACIO

Los participantes se colocan en fila uno al lado del otro.
El líder del sorteo estará frente a ellos. Coloca sus manos hacia atrás y en una de ellas esconde una piedrecita. Inmediatamente muestra sus manos a la fila. Con sus puños cerrados, se acerca a uno de los participantes. Le enseña sus puños y le pregunta:

>*¿Lleno o vacío?*

El interpelado coloca una de sus manos sobre una de las manos del líder y le dice: "Lleno". Con esta palabra ha querido decir que la piedra está en ese puño. El líder abre su mano. Si la piedra está en esa mano, se la da al que acertó quien procederá de la misma manera que él hizo anteriormente.

Si la piedra no está en la mano que él señaló, se elimina del juego.

Repiten la acción hasta que alguien adivine. Quien adivina dónde está la piedra, gana el objeto o se convierte en líder, según hayan acordado previamente.

Cuando lo juegan entre dos niños, el primero que acierte dónde está la piedra es el ganador.

A veces, el que trata de adivinar, toca las orejas de quien le dio la piedra. Aquella oreja que a juicio de él esté más caliente, le indica que en la mano de ese mismo lado está la piedra.

LA PIEDRA

El que va a adivinar se va lejos del resto de los participantes quienes formarán una línea con sus manos hacia atrás. Uno de los niños que forman la línea, sale de ella y caminando detrás de los niños que la componen deposita una piedrecita en una mano de cualquiera de ellos.

Le avisa al que va a adivinar que ya están listos. Todos los niños llevan sus manos hacia el frente con los puños cerrados.

El adivinador coloca una mano sobre el puño donde él cree que está la piedra. Dice: "Llena".

El niño a quien él le tocó el puño abre el mismo. Si no tiene la piedra, deja esa mano abierta mientras que el otro tiene que seguir tratando de adivinar dónde ha sido escondida la piedra.

Cuando adivine, el niño que tenía la piedra, pasa a ser el adivinador.

En otra versión de este juego que los niños llaman *La piedra,* el que está tratando de adivinar, se para frente al que él cree que la tiene y le dice: "Tú la tienes. Dámela acá".

Si efectivamente la tiene, pasa a ser el adivinador en el otro juego.

Si no la tiene, el niño que la tiene abre su puño y vuelven a empezar de la misma manera. Antes de empezar el juego, ya han acordado cuántas opciones tendrá cada uno para adivinar. Casi todos los informantes informaron que le dan tres oportunidades. Si a la tercera no ha adivinado pierde el juego.

Si pierde el juego "le dan piña", esto es, todos le dan cocotazos.

En otra versión, los niños forman un semicírculo, mirando hacia el centro. El niño que va a esconder la piedra, mientras camina va diciendo:

> *Toma la piedra y*
> *guárdala bien.*
> *Que no te la vea*
> *ni el hijo del Rey.*

En cualquier momento, deja la piedra en una de las manos.

Ya cerradas todas las manos, las mismas son colocadas hacia el frente de los niños. Si el que adivina logra encontrar la piedra, se queda en su puesto. Si no lo logra, pierde y escogen otro niño para sustituirlo.

Los informantes mayores de 30 años jugaban este juego diciendo:

> *Toma esta piedra y*
> *guárdala bien.*
> *Que no te la vea*
> *vasallo ni rey.*

MANZANA

Los participantes forman un círculo sin cogerse de la mano. Un participante se coloca en el centro del círculo y mientras va tocando a cada uno de los participantes en el pecho va diciendo:

> *Manzana, manzana*
> *manzana podría.*[42]
> *Uno, dos, tres, salía.*[43]

---

42. podrida

43. salida

Aquel participante a quien tocaron mientras dijo "salía", sale del círculo y prosigue el sorteo. El último participante que quede será el líder en el juego. Si fuese un juego en el que se participa por turnos, el penúltimo que fue sacado del círculo será el segundo, el antepenúltimo tercero, y así sucesivamente.

MICKEY MOUSE Y PATO DONALD

Los participantes forman un círculo y giran hacia su izquierda. Dentro del círculo, cerca de los que giran, habrá otro participante que estará en cuclillas frente a ellos. Este niño irá tocando los pies de cada uno de los niños que participan. Por cada sílaba de la siguiente frase toca los pies del niño que pase frente a él:

> *Mickey Mouse y Pato Donald*
> *van a hacer una casita*
> *¿Cuántos clavos necesitan?*[44]

Al niño que le toque los pies al decir "tan", dirá su edad. En ese momento la rueda deja de girar. El niño que está en cuclillas tocará los pies de los niños que forman la rueda mientras va contando desde el uno hasta el número de clavos que el participante dijo. El niño cuyo pie toque en ese momento sale del juego o se convierte en líder y asigna los turnos para el juego.

Si no se convierte en líder, se elimina y prosigue el sorteo hasta que quede un solo jugador quien se convertirá en líder. Generalmente los turnos quedan asignados de acuerdo a como fueron eliminándose.

En otra versión, cuando se pregunta ¿Cuántos clavos necesita?, el participante a quien se le pregunta contesta cualquier número.

El líder empieza a contar tocando el pecho de cada uno de los participantes hasta llegar al numeral que le fue señalado. A quien le toque ese numeral se elimina y prosiguen siempre de la misma manera hasta que quede un participante quien automáticamente se convierte en líder.

---

44. *¿Cuántas tablas necesitas?*

¿PARES O NONES?

Este sorteo también suele ser usado como juego. Uno de los participantes coloca algunas piedrecitas en una de sus manos. Cierra los puños y se vira de frente a otro participante quien ha de adivinar en qué mano están las piedrecitas y si están en número par o en non. Si adivina ambas cosas, gana y pasa a ser líder en el juego.

Si lo usan como juego, gana el objeto que esté en disputa.

Si no adivina, el que tiene las piedras se convierte en líder. Esta acción se repite tres veces ganando quien acierte dos de las tres veces.

PICO, PICO MANDORICO

Este juego se usa también para sortear turnos para distintos juegos.

Los participantes colocan sus manos, una al lado de la otra, sobre una superficie plana. Otro niño va diciendo, mientras pellizca cada una de las manos de sus compañeros:

> *Pico, Pico Mandorico*
> *¿Quién te dio tamaño pico?*
> *La reina y el rey*
> *picando yuca.*
> *Corre que te pica el gallo.*

El niño cuya mano pellizcaba cuando dijo la última sílaba, retira esa mano del juego. Luego de retirada, prosigue el juego pellizcando la próxima mano que quede hacia su derecha, sea ésta o no del mismo participante que acaba de retirar una.

Cada vez que un participante retira ambas manos, tiene que salir del juego.

El niño cuya mano sea la última que queda sobre la superficie, será el ganador o pasa a ser el líder del juego.

Son muchas las versiones de las palabras que acompañan este sorteo; entre ellas, las que nos han dictado los siguientes informantes:

Aracelis Quiñones, 12 años, Bayamón
>
> *Pico, Pico Mandorico*
> *¿Quién le dio tamaño al pico?*
> *Para picar la comida de la reina*
> *esta manita se va a esconder*
> *detrás de la puerta de San Miguel.*

Rubén Canales, 32 años, Residencial Lloréns Torres
>
> *Pico, Pico Mandorico*
> *¿Quién le dio tamaño pico?*
> *La seca, la meca*
> *la tuntoneca.*
> *José Miguel mató un torito.*
> *Todos sus hijitos comieron de él,*
> *menos aquel que se fue a esconder*
> *detrás de la puerta de San Miguelito.*
> *Esconde la mano que te la pica*
> *el gallito.*

Carmen Bacetty, 13 años, Bayamón
>
> *Pico, Pico Mandorico*
> *¿Quién te dio tamaño pico?*
> *La manita de este buey*
> *toditos comieron de él.*
> *El que no comió*
> *que se vaya a esconder*
> *a la huerta de San Miguelito.*

Abad Ocasio, 65 años, Comerío
>
> *Pico, Pico Mandorico*
> *San José mató un torito*
> *y todos comieron de él.*
> *El que se quedó*
> *sin comer*
> *se esconde en la*
> *Puerta de San Miguel.*

Clorinda Miranda, 32 años, Bayamón
>
> *Pico, Pico Mandorico*
> *Saca la cuenta de veinticinco*
> *Pablo mata un buey.*

> *Todos los ángeles*
> *comieron de él.*
> *A la vuelta, a la vuelta.*
> *Esta mano que se debe esconder.*

Luz S. Nieves, Bayamón
> *Pico, Pico Mandorico*
> *¿Quién te dio tu pico?*
> *La reina sabe andar,*
> *sabe correr*
> *sabe la maña del esconder.*
> *Pico y afuera.*

Teresa Cruz, 80 años
> *Pico, Pico Mandorico*
> *¿Quién te dio tamaño pico?*
> *El Rey de la Caravana*
> *mató un buey*
> *y todos los pobrecitos*
> *comieron de él.*
> *Saca la manita*
> *que te la pica el gallito.*

TIN MARIN

Los participantes forman una rueda, un participante estará en el centro y tocará el pecho de cada uno de los demás participantes mientras va diciendo:

> *Tin Marín de los tingüé*
> *Cúcara, mácara títere fue.*
> *¿Cuántas patas tiene un gato?*
> *Una, dos, tres y cuatro.*

Aquel a quien él toque al decir cuatro, queda eliminado. Prosigue el sorteo hasta que al quedar uno sólo, ése se convierte en líder del próximo juego.

En la versión presentada por la niña Lilibeth Berríos, de once años, el participante del centro dice:

*Tin Marín de los tingüé
Cúcara, mácara títere fue.
Yo tenía una vaca
llamada Tingüé
con los ojos bien rojísimos
y la piel color café.
¿Cuántos años tiene usted?*

El participante señalado al decir usted, contesta la pregunta. El que dirige el sorteo cuenta, tocando el pecho de cada uno de los participantes que quedan hacia la izquierda del que contestó, hasta llegar al numeral que se dijo. El participante señalado con este número se convierte en líder.

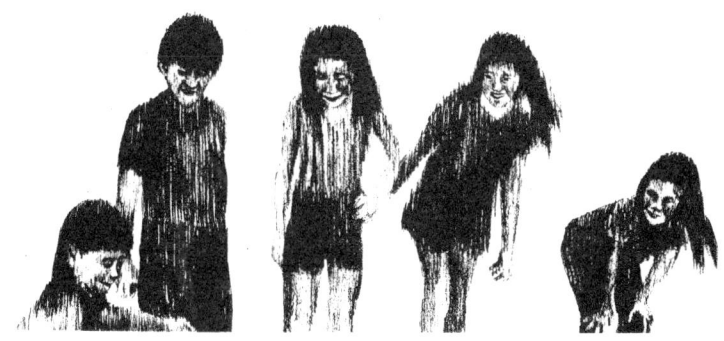

UN NEGRITO CHAMBELICO

Los participantes forman un círculo sin tomarse de la mano. En el centro del círculo estará un niño que va tocando o señalando a cada uno de los demás participantes mientras va diciendo:

*Un negrito chambelico
estaba comiendo arroz
el arroz estaba caliente
y el negrito se quemó.
Putín, putero, tabique
y afuera.*

Aquel a quien él toque al decir afuera, sale del sorteo. Prosiguen hasta que quede uno, y éste pasa a ser el líder.

UN PLATO DE ENSALADA

Los participantes se colocan en círculo con un líder en el centro. El líder va tocando a los demás participantes mientras va cantando:

> *Un plato de ensalada*
> *todos comen a la vez*
> *jugaron a las cartas,*
> *sota, caballo y rey.*
> *Butín, butero,*
> *salique y afuera.*

El participante a quien el líder toque al decir afuera sale de juego. El último que quede, se convierte en líder.

UNO, DOS, TRES, PESCAO

El niño Héctor Solano, de San Soucí en Bayamón, informa que él y sus amigos forman un círculo con un niño en el centro. Mientras el participante del centro del círculo va tocándolos en el pecho va diciendo:

Uno, dos, tres, pescao.
Tú no vas pa'ningún lao.

Aquel a quien el líder toca al decir la última palabra, se elimina. Prosigue el sorteo hasta que el último que queda se convierte en líder.

LA CHINA

Este sorteo se usa especialmente para determinar el orden en que las niñas han de jugar yacs. Una niña coloca todas las piezas, generalmente diez, en su puño cerrado. Levanta su mano y lanza al aire los yacs o piedras. Tratará de recogerlos al caer con el dorso de la misma mano con la que los tiró al aire. La que recoja más al caer será la primera en jugar y así sucesivamente.

En caso de empate, las que han quedado así vuelven a efectuar la misma acción hasta desempatar.

A veces le conceden ser la líder a la dueña de los yacs o a la niña en cuya casa van a jugar.

CONTANDO

Luego de haber trazado un círculo en el piso, colocan un objeto en medio de éste. Los que van a disputarse el liderato en el juego se colocan alrededor del círculo. Otro niño se coloca a una distancia prudente y cuenta en voz alta:

Uno, dos y tres.

Al decir tres todos se lanzan sobre el objeto hasta que alguno de ellos logra tomar el objeto en sus manos.

Si hay que sortear más de una posición repiten la acción tantas veces como posiciones estén sorteando. El que logró coger el objeto la primera vez será el primero, el que logró cogerlo en la segunda ronda, será segundo, y así sucesivamente.

III. JUEGOS EN CÍRCULO

AFRIQUITIN PALO

Los participantes forman dos círculos, constituido cada uno por miembros de un solo sexo. Los participantes se colocarán uno detrás de otro. Habrá igual número de participantes en cada círculo.

En el medio del círculo de la parte interior habrá un participante del sexo opuesto al de los que componen ese círculo.

Se cogen de la mano y se mueven hacia adelante mientras cantan:

> *Afríquitin, fríquitin palo*
> *Afríquitin, fríquitin palo*
> *Afríquitin, fríquitin palo*
> *El palo se rompió.*
> *El palo se rompió.*
> *El palo se rompió.*

Al cantar la última palabra se sueltan la mano. El círculo que está más cerca del centro, camina ahora en dirección contraria a la que traía. Cantan la canción.

Esta vez al cantar la última palabra todos escogen pareja, incluyendo al participante que está en el centro.

El que se quede sin pareja pasa al centro del círculo. A veces éste paga prenda.

ANTON PIRULERO

Los participantes forman un círculo sin cogerse de la mano mirando hacia el centro donde estará el líder del juego. Mientras cantan, todos simulan tocar un instrumento que siempre ha de ser distinto al que el líder parece estar tocando.

El líder, inesperadamente cambia de instrumento. Los demás participantes tienen que empezar a tocar el instrumento que ha dejado de tocar el líder so pena de pagar prenda.

La letra de la canción que acompaña el juego es la siguiente:

> *Antón, Antón Pirulero*
> *cada cual, cada cual*
> *atienda su juego*
> *y el que no lo atienda*
> *pagará una prenda.*

Según van perdiendo van pagando prenda. Cuando todos han pagado prenda empiezan a recobrarlas, luego de pasar por el castigo que el líder le imponga a cada uno.

ARROZ CON LECHE

Los participantes forman una rueda cogidos de la mano y mirando hacia el centro. En el centro del círculo habrá una niña quien será la viudita.

Al mover el círculo cantan:

> *Arroz con leche*
> *se quiere casar*
> *con una viudita*
> *de la capital.*
> *Que sepa tejer,*
> *que sepa bordar,*
> *que ponga la aguja*
> *en su campanal.*
> *Tilín, tilán,*
> *sopitas de pan.*
> *Allá viene Juan*
> *comiéndose el pan,*
> *si no me lo da*
> *me echo a llorar.*

Se detiene el círculo. La viudita canta mientras camina dentro del círculo cerca de los miembros que lo componen:

> *Yo soy la viudita,*
> *la hija del rey.*
> *Me quiero casar*
> *y no encuentro con quién.*

Se detiene la viudita. Mueven el círculo y cantan:

> *Y siendo tan bella*
> *¿No encuentras con quién?*
> *Elige a tu gusto*
> *que aquí tienes cien.*

Se detiene la rueda. La viudita toca a una de las participantes y canta:

> *Contigo sí.*

Luego toca a otra y canta

> *Contigo no.*

Abraza a otra participante. Al abrazarla canta:

> *Contigo mi vida,*
> *me casaré yo.*

Se toman de la mano y ambas caminan hacia el centro del círculo. La viudita ocupa un lugar en la rueda mientras la otra participante se convierte en viudita.

Los niños de las Parcelas Van Scoy en el Barrio Buena Vista de Bayamón tararean la marcha nupcial de la ópera *Lohengrin*, de Ricardo Wagner, mientras ambas niñas caminan de la mano hacia el centro del círculo.

La señora Carmen Estrada, de Comerío, de sesenta y ocho años, dice haber jugado *Arroz con leche* siendo el sobrino del rey quien busca novia. Se juega de la misma manera que hemos descrito:

> Círculo: *Arroz con leche*
> *se quire casar*
> *con una viudita*
> *de la ciudad*
> *que sepa querer,*
> *que sepa de amor,*
> *que ponga su aguja*
> *en su campanal.*
> *Milán, milán*
> *sopitas de pan.*
> *Ahí viene Juan*
> *comiéndose el pan.*
> *Si no me lo da*
> *me echo a gritar.*
>
> Viudito: *Soy el viudito*
> *sobrino del rey.*
> *Me quiero casar*
> *y no encuentro con quién.*
>
> Círculo: *Y siendo tan guapo,*
> *no encuentras con quién,*
> *elige a una*
> *que aquí hay cien.*

Viudito: *Contigo sí.*
Contigo no.
Contigo mi vida
me casaré yo.

BARTOLO

Forman un círculo sin cogerse de la mano, mirando hacia el centro. Uno de los participantes se alejará del círculo a una distancia prudente desde donde no puede oír ni ver a quién elegirán para dirigir el juego.

Al acercarse al círculo los oirá cantar mientras ejecutan acciones dirigidas por un líder a quien él tiene que identificar. La letra de la canción es la siguiente:

Bartolo tenía una flauta
con un agujero solo
y la gente le decía;
toca la flauta Bartolo
tenía una flauta, etc.

Los que forman el círculo tienen que estar atentos al líder para cambiar sus mímicas tan pronto el líder lo haga. Sus **miradas** deben ser disimuladas para evitar que el participante del **centro** logre identificar al líder.

Tiene tres oportunidades para adivinar quién es el líder. De no hacerlo en esas tres oportunidades, le dan piña. Luego identifican al líder, el cual escoge al que va a alejarse del grupo para continuar el juego.

Si logra identificar al líder, se coloca en el puesto de él en el círculo y el que hacía de líder se aleja del grupo.

LA CARBONERITA

Los jugadores forman una rueda cogidos de la mano y mirando hacia el centro donde estará una niña que será la carbonerita. Al moverse la rueda los niños que la forman cantan:

>¿Dónde vas carbonerita,
>dónde vas a hacer carbón?
>A la buena, a la buena,
>a la viña, ña
>a la viña, ña
>del amor.
>Me dirás si eres casada
>o si tienes un amor
>a la buena, a la buena,
>a la viña, ña
>a la viña, ña
>del amor.

Detienen el círculo. La carbonerita contesta cantando:

> *No, señor, no soy casada*
> *ni tampoco tengo amor*
> *que soy una niña pobre*
> *que juega con el carbón.*

Al moverse el círculo nuevamente, los niños en el mismo cantan:

> *Si eres una niña pobre*
> *que juegas con el carbón*
> *vamos todos a la viña*
> *a la viña del amor.*

Cuando se detiene el círculo, la carbonerita escoge a uno de los niños del mismo y luego de arrodillarse ante él le canta:

> *A tus pies yo me arrodillo*
> *a pedirte de favor*
> *que me saques de la cárcel*
> *y te metas tú a prisión.*

El niño escogido entra al círculo y se convierte en carbonerita. La que era carbonerita se integra al círculo y continúa el juego de la misma manera.

COMPAY MARTINEZ

Los participantes forman un círculo cogidos de la mano y mirando hacia el centro del círculo. Habrá un participante fuera del círculo y otro dentro.

El de adentro es Compay Martínez. Entre él y el participante que está fuera del círculo se entabla el siguiente diálogo empezando por el de afuera:

> -Compay Martínez
> -Mande usted.
> -¿El pan que le di?
> -me lo comí
> -¿y si más le diere?
> -me lo comiere.

-¿Y el güevito?
-En el joyito
-¿Y la sal?
-En el Santísimo Lugar.

Al decir esto último Compay Martínez sale corriendo de la rueda perseguido por el que estaba fuera del círculo. Cuando éste logra capturar a Compay Martínez intercambian los papeles y sigue el juego de la misma manera.

Tan pronto como Compay Martínez sale del círculo, los jugadores que lo componen se dispersan.

DON JUAN PERIÑAO[45]

Don Juan Peri- ñao te- nía un a- re- nal, con ma- nos de se- da lo man- do a re- gar. A- sí lo re- ga- ba don Juan Pe- ri- ñao, a- sí él po- ní- a los pies en el mar, ya- sí mi a- bue- li- ta me en- se- ñó a bai- lar. Ca- ra- co- li- to de la mar que te que- das- te sin bai- lar.. Ca- ra- co- lar.

Los jugadores forman una rueda en número par sin cogerse de la mano. Uno de los participantes estará en el medio de la rueda.

Los niños que componen el círculo cantan y hacen mímicas sin moverse de sus sitios:

---

45. Don Juan Periquito

Don Juan Periñao tenía un arenal,
con manos de seda lo mandó a regar.
Así lo regaba Don Juan Periñao
(Simulando regar plantas)
así él ponía los pies en el mar
(colocan un pie hacia el frente)
y así mi abuelita me enseñó a bailar.

Todos los participantes, incluyendo al que está en el centro, cogen pareja. El que se quede sin pareja se va al medio. Los demás, dan palmadas mientras cantan:

Caracolito de la mar
que te quedaste sin bailar.
Caracolito de la mar
que te quedaste sin bailar.

DOÑA ANA

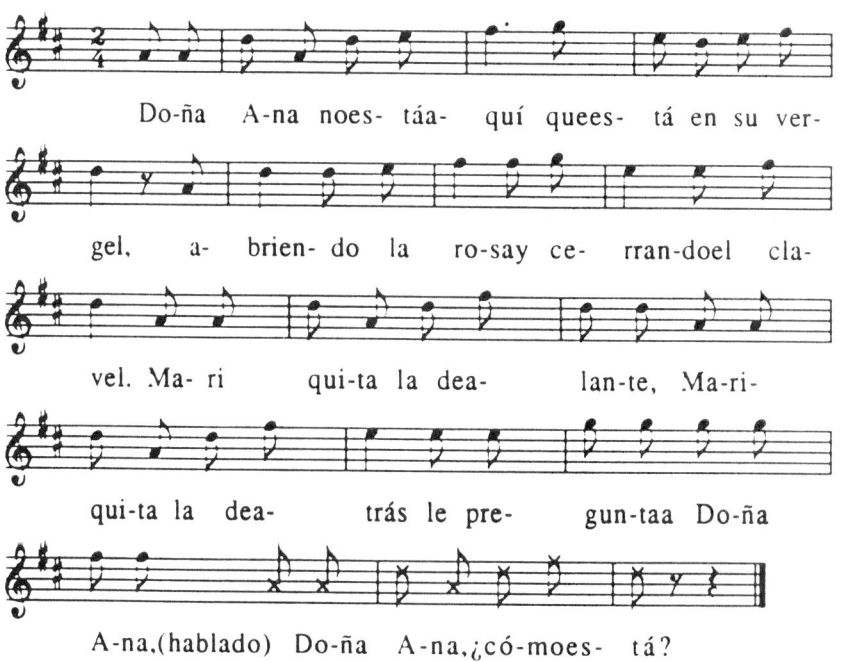

Los participantes harán girar la rueda, que han formado con sus manos cogidas, mirando hacia el centro de la misma. En el centro de ésta estará una niña quien será doña Ana.

Al girar la rueda se oye a los niños que la forman cantar:

> *Doña Ana no está aquí*
> *que está en su vergel*
> *abriendo la rosa*
> *y cerrando el clavel.*
> *Mariquita la de alante*
> *Mariquita la de atrás*
> *le pregunta a doña Ana.*
> *Doña Ana, ¿cómo está?*

Detienen la rueda y doña Ana contesta:

> *Comiéndome una sopita.*

Continúa la rueda moviéndose y los niños cantan el coro. Doña Ana contesta cada vez con una respuesta distinta:

> — *Enferma o (con dolor de cabeza, de estómago) grave*
> — *Con la vela en la mano.*
> — *¡Muertaaaa...."*

Al oír esta última contestación los niños deshacen la rueda y corren en todas direcciones para no dejarse capturar por doña Ana muerta. Aquel a quien doña Ana logre atrapar se convierte en doña Ana y va al centro del círculo que formaron los demás. Prosiguen el juego siempre de la misma manera.

La niña Ruth López, de doce años nos dice que en vez de muerta sus amiguitas y ella dicen: En fantasma o en esqueleto.

Otra versión del juego nos la dio la señora Carmen Iris Marcano, de 40 años. Es la siguiente:

Forman una ronda de niños y una niña en el centro. La niña tiene los ojos cerrados y va señalando mientras la rueda va girando. La ronda canta:

> *Doña Ana no está aquí*
> *que está en su vergel*

abriendo la rosa
y cerrando el clavel.

La ronda se detiene y la niña que quedó señalada por la niña del centro de la ronda va al centro y hará el papel de Doña Ana.

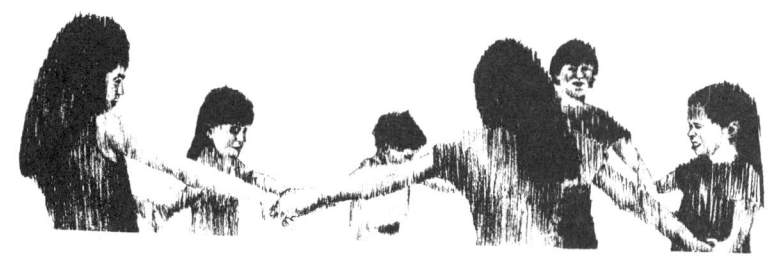

EL CARTERO

Este juego es parecido al llamado Candela. Los participantes forman un círculo sin cogerse de la mano.

Habrá un jugador en el centro quien silbará fuertemente. Inmediatamente se establece el siguiente diálogo entre los del círculo y el cartero:

>-¡Carta!
>-¿Para quién?
>-De _____ para _____ .[46]

Los niños nombrados por el cartero tratan de intercambiar sus posiciones mientras el cartero trata de colocarse en el lugar de uno de ellos.

Si logra su propósito el jugador a quien él logró sustituir pasa a ser el cartero y continúa el juego de la misma manera.

Si no logra su propósito sigue llamando a dos participantes a la vez hasta que consigue obtener el sitio de otro jugador.

---

46. Los espacios en blanco se llenan con los nombres de dos participantes.

EL GATO Y EL RATON

A- llá vie- ne el   ga- to y el ratón, a dar- le com- ba- te al ti- bu- rón.

Los participantes forman una rueda cogidos de la mano y mirando hacia el centro del círculo. Un niño se coloca dentro de la rueda (ratón) y otro niño fuera del círculo (gato).

Los niños del círculo cantan mientras mueven el círculo y tratan de evitar que el niño de afuera entre a capturar al de adentro:

> *Allá viene el gato y el ratón
> a darle combate[47] al tiburón.*

El niño de afuera trata de entrar, pero cada vez que lo intenta, los niños se bajan y se unen para no permitírselo. Si logra entrar, el ratón sale corriendo inmediatamente del círculo, perseguido por el gato.

Si el ratón llega al círculo otra vez sin haberse dejado capturar, prosigue el juego como se describió anteriormente.

Tanto el gato como el ratón entran y salen del círculo todas las veces que puedan aunque la rueda trata siempre de evitar que el gato entre.

El juego termina cuando el gato atrapa al ratón.

---

47. con un bate

EL PATIO DE MI CASA

Los participantes forman un círculo cogidos de la mano. Mueven el círculo mientras cantan:

> *El patio de mi casa*
> *es particular,*
> *cuando llueve se moja*
> *como[48] los demás.*

---

48. igual que

*Agáchate y vuélvete a agachar
que las agachaditas
no saben bailar
Hache, i, jota, ka,
ele, elle, eme, o.
Que si tú no me quieres
otro amante[49] me querrá*
(Repiten los últimos cuatro versos).

Al decir "Agáchate y vuélvete a agachar", todos se agachan hasta llegar al piso. Luego se levantan y sigue el juego.

---
49. niño

EL ZAPATERO

Mis niñitos, ¿a dónde van ustedes?
Zapatero, nosotros a pasear.
Mis niñitos, los zapatos se rompen.
Zapatero, usted los compondrá.
(Hablado) ¿Y quién los pagará? El rey de la patita coja.
Desde chiquitito que soy con un pisotón que me dí
sobre la maceta del pilón, pin, pon.
Dando la vuelta y parándome aquí.

Después de haber formado un círculo cogidos de la mano. En el centro estará el zapatero. Al moverse el círculo se entabla el siguiente diálogo - canción entre el zapatero y los niños del círculo:

-Mis niñitos ¿A dónde van ustedes?
-Zapatero, nosotros a pasear.
-Mis niñitos, los zapatos se rompen.
-Zapatero, usted los compondrá
-¿Y quién los pagará?
-El rey de la patita coja.

En este momento el círculo se detiene y el zapatero camina cojeando alrededor dentro del círculo mientras canta:

*Desde chiquitito que soy
ando resentido de un pie
con un pisotón que me di
sobre la maceta del pilón
pin, pon* (Bis).
*Dando la vuelta
y parándome aquí* (4 veces)

Aquel participante que quede frente al zapatero luego de él haber dado las dos vueltas pasa a ser el zapatero. El zapatero ingresa al círculo.

Recuerdo haber jugado este juego hasta donde dice: "El rey de la patita coja". En ese momento desbaratábamos el círculo y corríamos en todas direcciones perseguidos por el zapatero. A quien el zapatero lograra capturar pasaba a ser el zapatero.

El Sr. Juan Berríos de setenta y ocho años informa que él conoce ese juego pero con formación de filas.

JULIETA

En el centro de la rueda que forman las niñas cogidas de la mano, habrá una niña sola. Hacen mover la rueda mientras la niña del centro dramatiza lo que canta la rueda:

> *Julieta fue a la iglesia*
> *y algo se le cayó.*
> *Al doblarse a recogerlo*
> *algo se le notó.*

La niña del centro empieza a mover sus caderas. Las demás dan palmadas mientras cantan al detener la rueda:

> *Julieta no seas coqueta*
> *que tú no vales*
> *ni una peseta.*

La niña del centro se tapa los ojos con una de sus manos mientras extiende la otra señalando con su dedo índice. Las demás cantan:

> *Para 'lante y para 'tras,*
> *tú no vales na.*

Aquella participante del círculo a quien la niña del centro esté señalando al terminar de cantar pasa al centro y prosigue el juego.

El mismo juego suele jugarse, según Sol S. Lebrón de trece años, acompañado de la siguiente canción:

> Marieta estaba en la iglesia.
> El pañuelo se le cayó
> y al doblarse a recogerlo
> una cosa se le notó.
> Mariela no seas coqueta.
> Tan chiquitita
> y remeneando la faldeta.
> Para 'lante y para 'tras, etc.

LA COJITA

Forman una rueda cogidos de la mano y mirando hacia el centro donde hay una participante que, representando a la cojita, camina cojeando dentro del círculo. Entre la cojita y el círculo se desarrolla el siguiente diálogo cantando:

> -¿Dónde va la cojita?
> Minuflí, minuflá.
> —Voy al campo por violetas
> Minuflí, minuflá
> —¿Y si la reina te viera?
> Minuflí, minuflá.

—Yo le haré una reverencia.
Minuflí, minuflá.
—¿Y si el rey te encontrare?
Minuflí, minuflá.
—Yo le besaré la mano,
Minuflí, minuflá.
—¿Y si el obispo te viere?
Minuflí, minuflá.
—Yo le besaré el anillo
Minuflí, minuflá.
Dé usted la media vuelta.
Dé usted la vuelta entera.
Dé usted un pasito alante
Y haga la reverencia

La cojita hace la reverencia a uno de los participantes del corro quien pasa al centro del círculo. La participante que estaba en el centro pasa al círculo.

LA PAJARA PINTA

Los niños forman una rueda cogidos de la mano. En el centro de la rueda está la Pájara Pinta. Todos cantan:

Estaba la pájara pinta
a la sombra de un verde limón.

> Con el pico recoge la hoja,
> con la hoja recoge la flor.
> ¡Ay, mi amor!

La pájara pinta se acerca a uno de los que está en la rueda. Se arrodilla ante él y canta:

> Me arrodillo a los pies de mi amante.
> Me levanto por fiel y constante.
> Dame una mano, dame la otra.
> Dame un besito de tu linda boca.

Todo esto último además de cantado también es actuado. La escogida va al centro del círculo convertida en la Pájara Pinta.

LA PALOMITA BLANCA

¿Dón- de es- tá mi pa- lo- mi- ta blan- ca? Es- ta es- con- di- da y no la pue- do ver. La bus- ca- ré, la en-con-tra- ré, pa-sa- ré mi les tra- ba- jos co- jo a és- ta por el ra- bo y me la lle-va- ré.

Los participantes forman un círculo cogidos de la mano. Hay una participante fuera del círculo.

El círculo permanece quieto mientras la niña de afuera da vueltas alrededor del mismo cantando:

-*¿Dónde está mi palomita blanca?*

El círculo se mueve en dirección contraria a la seguida por la niña de afuera, y le canta:

-*Está escondida y no se puede ver.*

Se detiene el círculo. Vuelve a moverse la de afuera. Esta vez canta:

La buscaré, la encontraré.
Pasaré miles trabajos.
Cojo a ésta por el rabo
y me la llevaré.

Cuando dice "ésta", coge a una de las del círculo quien sale y se coloca detrás de ella.

Repiten la acción. Siempre es la que comenzó a escoger quien escoge a la que saldrá del círculo para acompañarla.

Al quedar una sola niña se vuelve a formar el círculo y cantan todas.

LA RUEDA

Este juego solamente se puede jugar con número impar de participantes. Estos forman una rueda mirando hacia el centro de la misma. Cogidos de la mano, hacen mover el círculo siempre hacia la misma dirección. Mientras se mueven van diciendo y haciendo lo siguiente:

La rueda más hermosa.

La última sílaba lleva la fuerza tónica. Al decirla, todos se ñangotan. Se levantan. Sigue girando la rueda y con cada una de las primeras dos frases siguientes se repite la acción descrita anteriormente.

> *Que hay en Puerto Rico.*
> *Pescamos pescaditos.*[50]
> *Daremos un brinquito.*
> *Caeremos sentaditos.*

En la tercera frase brincan y en la cuarta frase se sientan.

Se levantan y se abrazan a la pareja que cada cual desee. El que no coge pareja pasa al centro donde, al son de palmadas le cantan:

> *Caracolito de la mar*
> *que te quedaste sin bailar.*
> *Caracolito de la mar*
> *que te quedaste sin bailar.*

---
50. cual brincan los pollitos

LAS CORTINAS DE MI ALCOBA

Las cortinas de mi alcoba, son de terciopelo azul y entre cortina y cortina se pasea un andaluz. Andaluz las doce son, veinticinco y el tapón. Colcha de oro para los moros, cinta blanca para la infancia. Runtuntún que te vi res tú. Runtuntún que te vires tú

Yo bordo pañuelos de oro y de plata.
Quiten ese toro que está en puerta falsa.

Cuatro niñas cogen la falda de otra participante por cuatro lados. Mientras que otro participante, el andaluz, caminará alrededor de estas cinco a la vez que todos cantan:

> *Las cortinas de mi alcoba*
> *son de terciopelo azul*
> *y entre cortina y cortina*
> *se pasea un andaluz.*
> *Andaluz las doce son*
> *Veinticinco y el tapón.*
> *Colcha de oro para los moros*
> *cinta blanca para la infancia*[51]
> *Runtuntún que te vires tú.*
> *Runtuntún que te vires tú.*

Al llegar aquí, y a la voz de "que te vires tú", el andaluz toca a alguna de las cuatro participantes y ésta se vira de frente pero sigue cogida a la falda de la del centro, con las manos hacia atrás. El que está solo canta:

> *Yo bordo pañuelos*
> *de oro y de plata.* (bis)
> *Quiten ese toro*
> *que está en la puerta falsa.* (bis)

Al decir "quiten" la jugadora que había sido tocada, suelta la falda de la del centro y camina detrás del que la tocó.

Ambos caminan alrededor de sus compañeras y prosigue el juego de la misma manera, siendo siempre aquella a quien toque el andaluz la que se virará.

Al quedar sola la niña del centro, todas dan vueltas cogidas de la mano mientras cantan la canción completa.

Otra versión de este juego nos la ofreció **Samaira de Jesús, de 13 años.**

Los participantes forman un círculo mirando hacia el centro, cogidos de la mano. El andaluz da vueltas fuera del círculo.

El participante a quien él toque da media vuelta y se coloca de espaldas al círculo aunque continúa cogido de la mano de sus compañeros.

Se repite la acción hasta que todos estén colocados de esa manera. Luego de lo cual, todos, incluyendo al andaluz, cogidos de la mano, se colocan mirando hacia dentro del círculo y cantan la canción por última vez.

---

51. infanta

MAMBRU

Los informantes mayores de 40 años recuerdan haber jugado este juego formando un círculo cogidos de la mano y cantando la siguiente canción mientras movían el círculo.

Mambrú se fue a la guerra,
¡qué dolor, qué dolor, qué pena!
Mambrú se fue a la guerra
no sé cuándo vendrá,
que do, re, mi
que do, re, fa,[52]
no sé cuándo vendrá.
Si vendrá para Pascuas
¡qué dolor, qué dolor, qué pena!
si vendrá para Pascuas
o para Navidad,
que do, re, mi,
que do, re, fa,
o para Navidad.

---
52. *que fa, sol, la*

*Allá viene un barquito
¡qué dolor, qué dolor, qué pena!
allá viene un barquito
¿qué noticias traerá?
que do, re, mi,
que do, re, fa,
¿qué noticias traerá?*

*Las noticias que trae,
¡qué dolor, qué dolor, qué pena!
las noticias que trae
dan ganas de llorar,
que do, re, mi,
que do, re, fa,
dan ganas de llorar.*

*Es que Mambrú se ha muerto,
¡qué dolor, qué dolor, qué pena!
es que Mambrú se ha muerto
y lo llevan a enterrar,
que do, re, mi,
que do, re, fa,
y lo llevan a enterrar.*

*La caja era de oro,
¡qué dolor, qué dolor, qué pena!
la caja era de oro
con tapa de cristal,
que do, re, mi,
que do, re, fa,
con tapa de cristal.*

*Encima de la tapa
¡qué dolor, qué dolor, qué pena!
encima de la tapa
un pajarito va,
que do, re, mi,
que do, re, fa,
un pajarito va.*

> *Cantando el pío, pío*
> *¡qué dolor, qué dolor, qué pena!*
> *cantando el pío, pío*
> *el pío, pío, pa,*
> *que do, re, mi,*
> *que do, re fa,*
> *el pío, pío, pa.*

Los informantes de once a trece años dicen haberlo jugado de la siguiente manera:

Forman una rueda cogidos de la mano mirando hacia el centro donde está Mambrú. Este caminará siempre en dirección contraria a la que se mueve la rueda. Cantan las tres primeras estrofas igual que la versión transcrita anteriormente. La cuarta estrofa, sin embargo, la cantan así:

> *Las noticias que trae*
> *¡qué dolor, qué dolor, qué pena!*
> *Las noticias que trae*
> *es que Mambrú marchando está*
> *que do, re, mi,*
> *que do, re fa,*
> *es que Mambrú marchando está.*

Cuando cantan la parte de la canción en la que hacen mención a un barquito, separan sus manos y dan media vuelta a la derecha. Simulan remar hacia el círculo, volviendo a su posición original.

Al cantar, "las noticias que trae", marcan el compás de la música con palmadas. Cuando cantan: "Es que Mambrú marchando está", Mambrú ingresa al círculo. Todos marchan alegremente uno detrás del otro, encabezada la fila por Mambrú.

La señorita Rosa Bonet informa haber jugado Mambrú formando los jugadores un círculo y un participante fuera del mismo.

En la canción, cuyas primeras tres estrofas son iguales a la primera versión que de este juego se ofrece aquí, dicen: ¡qué dolor, qué dolor, de pena! Luego de cantar esas tres primeras estrofas el niño que está fuera se acerca al círculo y canta:

Las noticias que traigo
qué dolor, que dolor de pena
las noticias que traigo:
Mambrú se ha muerto ya,
que do, re, mi,
que do, re, fa,
Mambrú se ha muerto ya.

Pues vístanse de luto
qué dolor, que dolor de pena
pues vístanse de luto
y pónganse a llorar (simulando llorar)
que do, re, mi,
que do, re, fa,
y pónganse a llorar.

MENSAJE

Escogen al participante que se colocará en el centro del círculo para adivinar por dónde va el mensaje. Luego que aquel se aleje del círculo, donde han de estar ellos cogidos de la mano, mirando hacia el centro, escogerán al que ha de transmitir el mensaje.

Tan pronto se coloque el adivinador en el centro del círculo, el escogido apretará con mucho disimulo la mano del que le quede a la derecha. El que acaba de recibir el mensaje seguirá pasándolo de la misma manera muy rápidamente. Así sucesivamente. Mientras tanto, el participante del centro pasará su vista a todas las manos de los jugadores y señalará o nombrará a la persona que él cree que está llevando el mensaje en ese momento. Si adivina, la persona que ha sido sorprendida enviando el mensaje, pasa al centro del círculo. Escogen a otro que envíe el mensaje y prosiguen el juego.

Si no adivina en tres oportunidades, paga prenda o le dan piña, según hayan acordado previamente. Pagar prenda en este juego es someterse inmediatamente a un castigo según los informantes. El castigo puede ser cantar una canción, caminar cierta distancia apoyado en los brazos, imitar a algún animal, etc.

En otra versión de este juego según recordado por Carmen L. Cabrera, de 36 años, el escogido del círculo dice: Yo mando un mensaje a _____ . Puede enviarlo por su izquierda o por su derecha.

El participante que está en el centro, como en la versión anterior, ha de adivinar por dónde va el mensaje. Si el mismo llega a su destino, el que lo recibe dice: "Luego". El jugador que debía adivinar por dónde iba el mensaje, es castigado por los demás dándole piña.

NARANJA DULCE

Forman un círculo cogidos de la mano mirando hacia el centro donde habrá otro niño. Al moverse el círculo cantan:

> *Naranja dulce,*
> *limón partido,*
> *dame un abrazo*
> *que yo te pido.*
>
> *Si fuera falso*
> *mi juramento*
> *en el momento*
> *te olvidaré.*

*Toca la marcha,
mi pecho llora.
Adiós, señora
que ya me voy.*

Cuando dicen "dame un abrazo", el niño del centro abraza a cualquiera del círculo y se lo lleva al centro del mismo. Se despide de él cuando dicen: "Adiós señora que ya me voy".

Actualmente este juego se practica más como juego de manos en el cual participan solamente dos jugadoras.

POBRE GATITO

Se colocan sentados en un círculo mirando hacia el centro donde estará otro participante que será el gato.

El gato camina en cuatro patas. Se detiene ante cada uno de los que componen el círculo y remedará lo que hace un gatito: maullar, pasarse una patita por la cara, lamerse, etc. Su propósito es hacer reír a ese participante ante el cual él está en ese momento. Si lo consigue, intercambian los papeles.

Si no lo logra intenta hacerlo con otro jugador hasta que alguno se ría debido a las mímicas que él efectúa frente a cada cual.

SAN SERENI

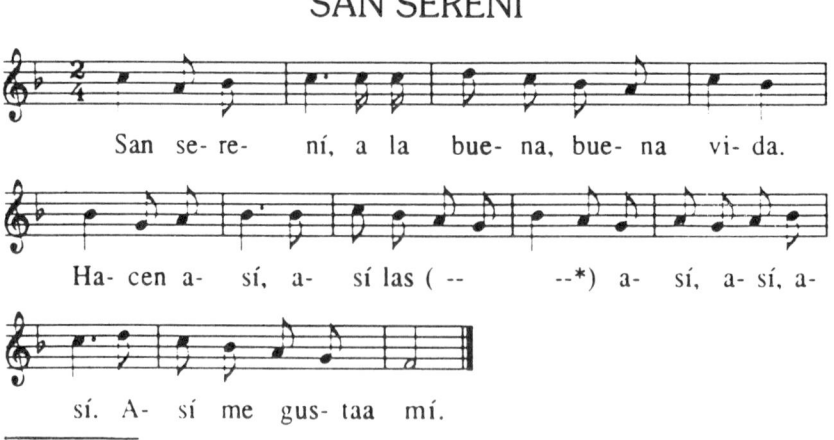

San se- re- ní, a la bue- na, bue- na vi- da.
Ha- cen a- sí, a- sí las (-- --*) a- sí, a- sí, a- sí. A- sí me gus- taa mí.

* Se nombra un oficio

Forman un círculo mirando hacia el centro donde estará el director del juego. Mientras tanto, van ejecutando acciones propias del oficio que se menciona en la canción la cual dice como sigue:

> *San serení,*
> *a la buena, buena vida.*
> *Hacen así, así las _____* [53]
> *así, así, así.*
> *Así me gusta a mí.*

SAN SERENI DEL MONTE

Los participantes forman un círculo cogidos de la mano, mirando hacia el centro. Mientras mueven la rueda cantan:

> *San serení del monte,*
> *San serení cortés,*
> *yo, como soy cristiana,*
> *me arrodillaré.* (se arrodillan)

> *San serení del monte,*
> *San serení cortés,*
> *yo, como soy cristiano,*
> *me levantaré.* (se levantan)

---

53. El espacio en blanco se llena con nombres de oficios, profesiones, etc.

Sigue el juego con me persignaré, me confesaré, etc. hasta que se cansen.

A veces van aumentando la velocidad con que giran la rueda lo que hace más divertido el juego.

CHEQUI MORENA[54]

Che- qui mo- re- na, che- qui. Che- qui mo- re- na che. ¿Quea- dón- dees- táe- se rit- mo, ca- ram- ba del me- re- cum- bé? ¡Eh! Un pa- si- toa- lan- te, yo- tro pa- raa- trás. Y dan- do la vuel-tay, dan- do la vuel-ta ¿Quién se que- da- rá?

Los participantes, menos uno que se quedará en el medio, forman una rueda sin tomarse de las manos, mirando hacia el centro.

Mientras dan palmadas, los que están en el círculo, cantan:

> *Chequi morena, chequi*
> *Chequi morena, che*
> *¿Qué adónde está ese ritmo, caramba*
> *del merecumbé?*
> *¡Eh!*

---
54. "Shake-it-morena"

La niña del centro, con sus manos a ambos lados de su cintura, mueve todo su cuerpo siguiendo el ritmo de la canción. Siguen cantando otra vez:

> Un pasito a'lante
> y otro para'trás

mientras la niña ejecuta estas acciones. Cubre sus ojos con una de las manos. Extiende su otro brazo con el dedo índice hacia el frente. Da vueltas acompañada por la otra parte de la canción:

> Y dando la vuelta,
> y dando la vuelta
> ¿Quién se quedará?

La niña a quien ella esté señalando al finalizar la canción se queda y pasa al centro del círculo para proseguir el juego.

Algunos informantes indican que a veces empiezan cantando:

Versión Núm. 2

> El juez le dijo al cura.
> ¿Qué cura?
> El cura le dijo al juez.
> ¿Qué juez?
> Que adónde está ese ritmo,
> Caramba,
> del merecumbé, Ué
> Chequi morena, etc.

Versión Núm. 3

Al empezar el juego cantan:

> Los hombres son del diablo,
> las mujeres son la ley.
> Se visten por la cabeza
> y se desvisten por los pies.

SON PEPITA Y MERCEDES

Los jugadores forman un círculo en el centro del cual está el director del juego. El director simula tocar una flauta mientras los demás dan palmadas y cantan:

> Son Pepita y Mercedes,
> son a la sonsonete.
> Son, son, son, son, son
> son, son, son, son, so;
> son marinete, son marinete
> son a la sonsonete.

En cualquier momento el director deja de tocar la flauta y empieza a dar palmadas. Los demás participantes inmediatamente simulan tocar la flauta.

Continúa el juego siempre haciendo los demás participantes lo contrario a lo que hace el líder. Según se van equivocando, se eliminan hasta que queda uno de los participantes quien se convierte en líder.

Se puede jugar simulando efectuar distintas acciones como martillar, marchar, machacar en el pilón, pero siempre el grupo ha de hacer lo que el líder estaba haciendo anteriormente.

TAN TIN

Forman un círculo sentados en el piso con las manos abiertas sobre los muslos. Un jugador irá pellizcando cada mano incluyendo las de él mientras van cantando todos:

> Tan, Tin, saramacatín.
> Debajo de una torre
> un viejo vendiendo boti
> botijones a la dicha
> periguera esta mano
> que se agarre de esta oreja.

El último a quien le haya pellizcado la mano tiene que agarrarle, con esa mano, la oreja al que le quede al lado.

Prosigue de la misma manera hasta que todos estén cogidos de las orejas. Se ponen todos de pie sin soltarles las orejas a sus compañeros.

Esta vez cantan la canción de pie todos. Al final todos halan las orejas que tienen agarradas.

UNA DO LI TRA

U- na, do, li, tra, e- le- lé, men- gua, un so-
fe- te, ca- ro- le- te, u- na, do, li, tra.

Los participantes forman un círculo sin cogerse de la mano. Al comenzar el juego, cada participante simulará tocar un instrumento musical que le habrá sido asignado por el director del juego quien estará en el centro del círculo.

El líder comienza tocando flauta mientras todos cantan:

> Una, do, li, tra
> elelé, mengua,
> un sofete, carolete,
> una, do, li, tra.

El líder camina alrededor pero dentro del círculo. Se detiene frente a uno de los participantes. Simula tocar otro instrumento distinto a la flauta. El niño ante quien él se ha detenido tiene que simular tocar el instrumento que anteriormente estaba tocando el líder.

El líder a veces cambia muy rápidamente de instrumento lo que provoca confusión en el participante quien tiene que abandonar el juego por no haber seguido las reglas del mismo. De esta manera se van eliminando hasta quedar solamente el líder.

EL BONETE DEL CURA

Forman un círculo después de haber sorteado a quién le corresponde decir:

> El bonete del cura se ha perdido
> y lo tiene _____

se señala él mismo con su dedo índice. Dice que no con la misma mano. Señala con el dedo a otro participante quien repetirá lo mismo.

Todo el juego tiene que transcurrir sin que nadie se ría ni hable cuando no le toque hacerlo. Si lo hace, paga prenda que es depositada en el centro del círculo. El último que quede sin pagar prenda, impone los castigos.

Toma una de las prendas y dice:

Esta prenda se quema.

El dueño de la prenda dice:

Pues _____

(y le dice lo que tiene que hacer para recuperar su prenda.) Así prosigue el juego hasta que todos hayan recuperado sus prendas). Informante: Velma Díaz, Hato Tejas

CHIVO ACORRALADO
(Gato, Toro acorralado)

Forman una rueda cogidos de la mano. En el centro de la misma se coloca un jugador que representará al chivo, gato o toro según lo hayan nombrado.

El chivo trata de salir del círculo mientras los demás se lo impiden bajando sus brazos. Si el animal logra salir, los dos que se lo permitieron entran al círculo y se convierten en animales. El participante que estaba originalmente dentro del círculo pasa a formar parte de la rueda.

Si los dos que están en el círculo logran salir del mismo, los cuatro que lo dejaron salir entran al círculo. Los participantes que estaban dentro pasan a ser parte otra vez del círculo. De manera que por cada animal que logre salir del círculo entran los dos que le permitieron salir.

La acción de este juego es cada vez más rápida por la cantidad de jugadores que a veces están tratando de salir del círculo. Termina el juego cuando ya no hay suficientes participantes para constituir el círculo. Casi todos o todos se han convertido en animales.

UN GATO CAYO EN UN POZO

Los participantes forman un círculo cogidos de la mano. Mientras mueven el círculo hacia la derecha cantan:

> Un gato cayó en un pozo.
> Sus tripas se hicieron agua.
> Arre pote, pote, pote.
> Arre pote, pote, pa.

Rápidamente cambia de dirección y cantan:

> Había una chinita
> sentada en un café.

*Con los dos zapatos blancos
y las medias al revés.
Arre pote, pote, pote.
Arre pote, pote, pa.*

Repiten la acción cuantas veces quieran girando cada vez la rueda más rápidamente.

LA PLAZA DEL MERCADO

Los participantes forman un círculo sin tomarse de la mano. Escogen un vendedor. Otro niño se aleja del grupo a una distancia prudente.

El líder le pone un nombre de vegetal o verdura de las que comúnmente se compran en la plaza del mercado a cada uno de los componentes del círculo. Llaman al niño que estaba alejado.

Al llegar al círculo, el niño y el vendedor dialogan:

— *Buenos días ¿Qué le vendemos hoy?*
— *Estoy buscando* _____ *(Ej. melones)*
— *Escoja el que quiera.*

El comprador se acerca a uno de los del círculo y dice:

— *Me llevo éste porque es o está (grande, maduro, etc.)*

Lo toma de la mano, le paga al vendedor con dinero simulado. Si ha acertado a escoger la fruta que dijo haber estado buscando lo lleva hasta un lugar y lo deja allí. Va a comprar otra fruta o verdura hasta que falle, en cuyo caso lo dejan escoger. Luego que ha pagado y va a mitad de camino con la fruta que compró, el vendedor grita:

— *¡Policía, atrápelo que me llevó un* _____ *!*
(nombre de la fruta que el niño representa).

Los demás niños corren detrás del comprador y de los que ya él había comprado hasta que logran atraparlos.

CHICO PARALIZADO

Maritza Alvarado, de 30 años, de Orocovis, nos informa haber jugado este juego de la siguiente manera:

Los jugadores forman un círculo con un líder en el centro. A una señal del líder empiezan a decir: "Chico paralizado...". Cuando el líder así lo desea, grita: "Ya".

Todos tienen que quedarse inmóviles mientras el líder trata de hacerlos reír. Según van perdiendo, salen del juego hasta que queda uno que es declarado ganador.

CONCENTRACION

Los participantes forman un círculo sentados o de pie. Marcan con una palmada sobre sus faldas la primera y última sílaba de cada una de las siguientes estrofas. Luego de la última palmada de cada estrofa, hacen sonar sus dedos dos veces:

> *Concentración.*
> *No pierdan el ritmo.*
> *Nombre de un pueblo*
> *de Puerto Rico.*

El participante a quien le tocó en el sorteo iniciar el juego dice el nombre de un municipio de Puerto Rico. Suenan sus dedos otra vez dos veces.

El jugador que le queda al lado izquierdo del que dijo el nombre del municipio menciona otro municipio. Vuelven a sonar los dedos dos veces. Así sucesivamente cada vez que un jugador menciona un municipio de Puerto Rico, todos suenan los dedos.

Se van eliminando si mencionan un municipio que haya sido nombrado previamente. También se elimina si nombra un lugar que no tenga categoría de municipio. De igual manera tiene que salir del juego si dijera un lugar que no exista en Puerto Rico. Si no contesta rápida y correctamente también queda eliminado del juego.

Al continuar el juego, contesta el que queda a la derecha del jugador que fue eliminado y empiezan por el principio nuevamente.

LAS CARAQUEÑAS

Los participantes, en número impar, forman un círculo cogidos de la mano, y, mirando hacia el centro, hacen mover el círculo mientras cantan:

Este es el baile de las caraqueñas.
Es un baile muy disimulado.
Que poniendo la rodilla en tierra,
(se hincan)
Todo el mundo se queda admirado
(se ponen de pie)
A la vuelta, a la vuelta Madrid,
(dan una vuelta)
que ese baile no se baila así.
(gesticulan)
Ese baile se baila de espaldas
(se colocan de espaldas al círculo)
Remenea, remenea la falda
(mueven las faldas o los talones)
Remenea, remenea los brazos
(mueven sus brazos en alto)
Y a la vuelta se dan los abrazos.

Se viran y abrazan a uno de los que les queda al lado. El que se queda sin compañero pasa al centro del círculo mientras los demás dan palmadas y cantan:

> *Caracolito de la mar*
> *que te quedastes sin bailar. (bis)*

SIMON, SIMON

Forman un círculo o semicírculo sentados, mirando hacia el centro. Un participante, generalmente el que invita a jugar dice:

> *Simón, Simón*
> *el primero que hable*
> *se come el mojón*
> *de la vieja Simona*
> *y el viejo Simón.*
> *Ají colorao, plátano asa'o*
> *pa' tu corazón.*

Luego se quedan todos mirándose seriamente y hacen muecas unos a otros hasta conseguir que alguno de ellos hable. Al que hable le dan piña.

EN LA CALLE OCHO

Los participantes forman un círculo, generalmente sentados. Al unísono dicen en voz alta:

> *En la calle ocho*
> *hay un perro tuerto.*
> *El que diga ocho*
> *se lo come muerto.*

A quien le haya tocado empezar a decir números al echar la suerte, dice un número en voz alta. Luego sigue el jugador que queda a su derecha y así sucesivamente.

Se tiene que salir del juego quien repita un numeral que haya sido mencionado o quien diga un numeral que contenga el número ocho.

IV. JUEGOS EN HILERA

A LA LIMON

Los participantes forman una hilera.

Frente a ella se colocan dos niñas quienes escogen, sin que los demás se enteren, cada una, un nombre de frutas, acciones o sitios. Luego se mueven ambas de frente hacia la fila mientras cantan:

> — A la limón, a la limón
> que se rompió la fuente.

Retrocediendo a su posición original mientras cantan el segundo verso, siempre de frente a la fila.

Alternando los cantos y los movimientos, prosiguen de la siguiente manera:

> — A la limón, a la limón
> mandadla a componer.
> — A la limón, a la limón
> no tenemos dinero.
> — A la limón, a la limón
> nosotros sí tenemos.

— A la limón, a la limón
¿De qué se hace el dinero?
— A la limón, a la limón
de cascarón de huevo.

Mientras cantan esta dos últimas líneas, las dos niñas forman un puente. Luego cantan mientras pasan por debajo del puente.

— Urí, urí, urá,
la reina va a pasar.
Urí, urí, urá
la reina va a pasar.

Al cantar la última sílaba, bajas sus manos encorralando a la niña que pasaba por allí en ese momento y le preguntan:

— ¿Qué te gusta más
¿_____ o _____ ?
(mencionan los nombres previamente escogidos)

La interpelada contesta y se coloca aparte.
Las niñas que formaron el puente vuelven a separarse del grupo y escogen otros dos nombres de frutas, vegetales, etc. Repitiendo la acción hasta que no quede participante en la fila.
Luego cuentan las niñas que corresponden a cada una. La que tenga más niñas a su favor gana el juego.

AMBOS A DOS

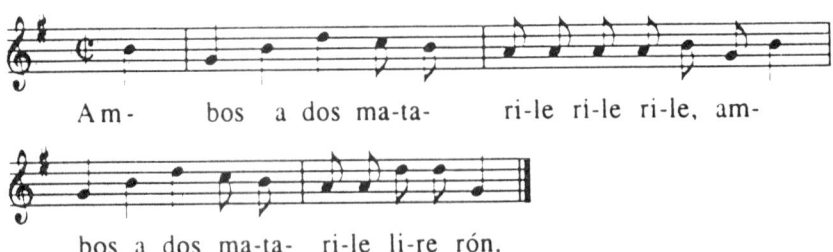

Am- bos a dos ma-ta- ri-le ri-le ri-le, am- bos a dos ma-ta- ri-le li-re rón.

Forman una hilera cogidos de las manos y mirando todos en una misma dirección. A cierta distancia, y de cara a la fila de niños, se coloca un solo participante que avanzará y retrocederá, con relación a ella, mientras va cantando:

— Ambos a dos, matarile, rile, rile;
Ambos a dos, matarile, rile, ron.

En la segunda línea del canto se retira hacia su posición original siempre de frente al grupo.

Los otros niños le contestan moviéndose hacia él y luego retrocediendo a su puesto original.

— ¿Qué quiere usted? Matarile, rile, rile, rile,
— ¿Qué quiere usted? Matarile, rile, ron.

Luego se alternan las siguientes estrofas, manteniendo el mismo movimiento.

— Yo quiero un paje
Matarile, rile, rile.
Yo quiero un paje
Matarile, rile, rile, ron.
— Escójalo usted
Matarile, rile, rile,
Escójalo usted
matarile, rile, ron.
— Escojo a _____.
(cualquier componente de la fila)
matarile, rile, rile
— Escojo a _____
Matarile, rile, ron.
— ¿Y qué oficio le pondrá?
Matarile, rile, rile
¿Y qué oficio le pondrá?
Matarile, rile, ron.
— Le pondremos (nombra cualquier oficio o profesión)
Matarile, rile, rile.
Le pondremos _____
Matarile, rile, ron.

Los niños de la fila consultan con el escogido si le gusta o no el oficio que le piensan asignar. Si no está de acuerdo, cantan mientras se mueven hacia el otro participante:

— *El dice que no le gusta*
Matarile, rile, rile.
El dice que no le gusta
Matarile, rile, ron.

El otro niño volverá a cantar otra vez cambiando el oficio.

— *Le pondremos* _____
　　　　　　　　　　　　(dice un oficio distinto)
Matarile, rile, rile.
Le pondremos _____
Matarile, rile, ron.

Si al niño escogido le gusta el oficio, se mueven como antes cantando:

— *El dice que sí le gusta*
Matarile, rile, rile.
El dice que sí le gusta
Matarile, rile, ron.

Entonces forman una rueda todos los participantes y cantan alegremente a la vez que mueven la rueda:

— *Celebremos todos juntos*
Matarile, rile, rile.
Celebremos todos juntos
Matarile, rile, ron.

Si no le gusta el segundo oficio, tiene que seguir mencionando otros de la misma manera hasta que encuentre uno que le guste al escogido.

Luego de celebrar todos juntos, el niño escogido se unirá al participante que inicia el juego.

Luego de celebrar el mismo juego hasta que quede un solo niño en la hilera que originalmente tuvo muchos niños. Al quedar éste solo se convertirá en el que empieza el juego, o sea, "ése se queda".

Versión número 2

Al quedar un sólo niño le hacen lo mismo que le hicieron a los demás y se acaba el juego.

COMPAY JO

Los niños forman una hilera cogidos de la mano. El que queda a un extremo de la hilera le pregunta al del otro extremo:

— *Compa Jo, Compay Jo*
¿Cuántos panecitos hay en el horno?

A lo que el otro le contesta:

— *Veinticinco y el quema'o.*

Se sigue el diálogo de la siguiente forma:

—*Y ¿quién lo quemó?*
—*Periquito el labrador.*

El niño del otro extremo, junto con los demás niños dicen, a la vez que pasan por debajo de uno de los brazos de cada uno de los participantes, menos de los niños de los extremos:

— *Préndalo, préndalo a ese pícaro ladrón*
que se ha robado cien gallinas y un lechón.

Esto se repite hasta haber pasado por debajo de todos los brazos de los niños.

Luego de haber quedado todos con los brazos cruzados al frente, a la altura del pecho, el que comenzó el diálogo anterior pregunta ahora:

— *¿De qué es tu cadena?*
(A lo que el otro contesta:)
— *De oro. ¿Y la tuya?*
(Contestando el primero:)
— *De plata.*
(Contestándole el otro:)
— *Pues vamos a estirarla*
A ver si se desata.

Halan cada uno hacia su lado y luego cuentan a ver hacia qué lado se fue el mayor número de niños. El líder de ese grupo es el ganador.

DOCE Y MEDIO PARA ARRIBA
DOCE Y MEDIO PARA ABAJO

Se trazan dos líneas rectas paralelas con una separación de aproximadamente siete pies. Uno de los participantes se colocará al centro entre ambas líneas. Los demás jugadores tomarán posición uno al lado del otro en la línea que ellos hayan escogido como "la de arriba", mirando al que está en el centro.

El niño del centro gritará:

Doce y medio para abajo

Todos los que están en la línea correrán hacia la línea que les quedará al frente, sin dejarse tocar por el niño del centro.

Si éste toca a alguno o a algunos todos los tocados más él se quedan en el centro. Sigue el juego, esta vez todos los que están en el centro capturan a los que intentan pasar por entre ellos para llegar a la otra línea.

Siempre, al empezar cada partido, habrá una línea sin ocupar hacia la cual se dirigirán los niños.

El que no se deje coger será el ganador.

EL HILO Y LA AGUJA

Este juego es parecido al de Compay Jo, aunque los participantes no hablan. Los jugadores forman una línea uno al lado del otro cogidos de la mano.

Los jugadores de cada extremo serán el hilo o la aguja según ellos mismos escojan. El que escogió ser el hilo empieza a pasar por debajo del brazo del niño que hace de aguja, el cual tendrá cogido al del niño que le queda al lado.

Repite esta misma acción con todos los participantes. Cuando ya está completada la cadena, halan hacia los lados a ver quién se lleva más niños. Este será declarado ganador.

Versión número 2.

> Aguja: ¿De qué color es tu hilo?
> Hilo: (Dice cualquier color) ¿Y el tuyo?
> Aguja: (Cualquier color) _____
> Hilo: Pues vamos a ver cuál se rompe más rápido.
> Halan y cuentan a qué lado se fueron más participantes.

LA CEBOLLITA

Los niños forman una línea, uno detrás del otro, sujetando sus manos a la cintura del que le queda en frente. El primero de la fila, que será el dueño de la tienda, estará agarrado al tronco de un árbol fuerte o a una columna.

La niña que hace de hija que viene a hacer un mandado (comprar una cebollita para su mamá) llega, y se establece el siguiente diálogo:

> Niña: A mamá que le mande una cebollita.
> Dueño: ¿Y la que le mandé anoche?
> Niña: Se la comieron los ratones.
> Dueño: ¿Y qué hacía ella?
> Niña: Lavando.
> Dueño: ¿Y cómo lavaba?
> Niña: Así (mientras imita la acción de lavar).
> Dueño: Pues coge la más madura sin tocar el tronco.

La niña, mientras va dando cocotazos, a veces fuertemente y a veces con suavidad, va diciendo:

> Esta está dura.
> Esta está blandita.

Cuando llega a la última "cebollita" dice: "Me llevo ésta que está tiernecita".

Trata de halarla por la cintura, pero la cebollita le ofrece resistencia para no dejarse desprender de la línea.

Una a otras se agarran fuertemente por la cintura mientras la niña se esfuerza por desprenderla. A veces, alguna quita sus manos de la cintura de la de enfrente y caen todas al piso. Se levantan para proseguir el juego.

Cuando logra arrancar a la cebollita de la línea, la pone aparte y vuelve por otra. Se sucede el diálogo anterior entre la niña y el dueño cambiando sólo la acción de lo que la mamá estaba haciendo.

Una a una la niña se va llevando las cebollitas hasta quedar solo el dueño de la tienda asido al tronco.

Esta vez la niña regresa a invitar al dueño de la tienda más o menos de esta manera:

>Niña: *A mamá que se vaya a comer una sopita.*
>Dueño: *No, porque me muerden los perros.*
>Niña: *No, si los perros están amarrados. Venga, venga. (o le cortaron la lengua, le sacaron los dientes, son mansos o que están ciegos, no ven).*

Al llegar el dueño y la niña donde están los perros (antes cebollitas) éstos corren al dueño de la tienda para morderlo. El que logre alcanzarlo pasa a ser el dueño.

Si no lo logran, se queda el mismo.

Otra versión tiene como final que cuando queda solo el dueño, la niña le pide una cebollita y él le dice: "Coge la última que soy yo". La niña trata de despegar al dueño del tronco. Si lo logra, ella se convierte en dueño.

Si no lo logra, se rinde y el dueño sigue en su papel.

En otra versión del juego, la niña no viene en representación de nadie.

Sino que dice:

>*Deme una cebollita.*
>*¿Y la que le dí ayer?*
>*Me la comieron los ratones.*
>Etc.

Cuando queda solo el dueño, éste le dice a la señora que no hay más. La señora se encoleriza y hala al niño hasta despegarlo del tronco. Pasando así a convertirse en dueña de la tienda.

Si no lo puede arrancar, las cebollitas vendrán en su ayuda hasta que lo despegan del tronco. En este caso, sortean a quién le tocará ser el dueño de la tienda en el próximo juego.

LAS ESTATUAS

Los participantes forman una hilera frente a la cual habrá uno que irá halando de la mano a cada uno de los participantes. Estos se quedarán en la posición en que caigan, sin moverse.

El niño regresa y le hace las muecas más risibles que se pueda uno imaginar a cada uno de los participantes, los cuales han de mirarlo fijamente SIN REIRSE. El niño podrá hacer cualquier gesto pero nunca tocar a los participantes ni hablarles.

Estos, a su vez, no pueden dejar de mirarlo atentamente.

El que se ría o se mueva de sitio pierde y tiene que abandonar el juego. El ganador será aquel que no se ría.

Si el niño no logra hacer reír al último participante puede rendirse y cederle su lugar.

Puede tratar de hacerlo reír, pero al ver que no lo logra, dirigirse a otro y volver luego a donde éste. Esto es, no necesariamente tratará de hacerlos reír en el mismo orden en que están en la línea.

¡OH, SUSANA!

Oh, Su- sa- na, a- rroz con ba- ca- lao. Ha- bi- chue- li- tas tier- nas y mon- don- go por el lao.

Forman dos líneas paralelas mirando hacia el centro. Cada pareja forma un puente con sus manos.

Cantan todos:

¡Oh, Susana arroz con bacalao.
Habichuelitas tiernas
y mondongo por el lao.

Los participantes que forman la primera pareja bajan los brazos y, cogidos de la mano, pasan por debajo de todos los puentes. Cuando llegan al final de las filas, se colocan como originalmente estaban. Así hace sucesivamente cada pareja, sin dejar de cantar hasta que la última pareja pasa por debajo de los puentes.

Cuando la última pareja llega a su sitio, sigue el juego nuevamente, cada vez cantando más rápidamente y ejecutando los pasos al compás de la canción. Si la pareja, o uno de los miembros que la forman, se cae o se turba, pierde y se retira del juego, hasta que solamente queda una pareja que se proclama ganadora.

¿QUIEN SE HA MUERTO?

Forman una línea uno al lado del otro. Frente a esa línea se coloca un jugador que inicia el siguiente diálogo con ellos:

— *¿Quién se ha muerto?*
— *Juan el tuerto*
— *¿Por qué lo lloran?*
— *Porque nos deja solas*
— *¿Quién lo dijo?*
— *Su único hijo*
— *¿Quién lo vela?*
— *La parentela*
— *¿Quién lo amortaja?*
— *La abuela y los de la casa*
— *¿Quién lo entierra?*
— *La perra*
— *¿Qué haremos nosotros?*
— *Ir al entierro y después al velorio*

Al decir esto último, los de la fila se viran hacia la derecha quedando uno detrás del otro. El que estaba solo se coloca a la cabeza de la fila. Simulan llorar y caminan uno detrás del otro.

SAL Y PIMIENTA

Los niños forman una hilera sin tomarse de las manos. Frente a ellos estará otro niño que les irá preguntando uno a uno:

— *¿Qué tú quieres, sal o pimienta?*

El interpelado contesta y es halado por un brazo. Si ha contestado, "Sal", tiene que caer en una posición bonita. Si contestó, "Pimienta", tiene que caer en una posición fea.

Los informantes observan que la mayoría de los niños contestan: "Pimienta" y utilizan cualquier parte de su cuerpo para adoptar posiciones ridículas e irrisorias. Algunos se ponen bizcos, otros contorsionan la boca, se ponen en actitud de tontos, ¡en fin! cuanta posición ellos encuentren más rara. Luego de asumida ésta, no pueden cambiar.

El líder va luego, uno por uno de los participantes y les hace cosquillas hasta que se rían. El que más resista reírse gana el juego y pasa a ser el que pregunta.

SAL, AZUCAR Y PIMIENTA

Forman una línea. El líder va uno por uno preguntándole:

— *¿Qué tú quieres, sal, azúcar o pimienta?*

Si contesta "Sal", el líder lo coge por una mano y le da vueltas moderadamente. Al soltarlo, el niño asumirá una posición cualquiera y se quedará ahí.

Si contesta "Azúcar", le da vueltas suavemente, y, al soltarlo, asume la posición en que caiga y así queda.

Si pide pimienta se le da vueltas rápidamente y también se queda como caiga.

Al final, el líder va dando vueltas con los ojos cerrados, con un brazo extendido y el dedo índice dispuesto a señalar. Aquel a quien él esté señalando al parar de dar vueltas y abrir los ojos, pasa a ser el líder.

UNO, DOS, TRES, PESCAO

Los participantes forman una línea a una distancia aproximada de 30 a 35 pies del líder, que estará de espaldas a ellos. Este grita:

Uno, dos, tres, pescao

a la vez que todos caminan rápidamente hacia él.

Inmediatamente que termina de decir pescao (lo cual tratará de hacer rápidamente) se vira de frente. Si ve a alguien moviéndose lo envía hacia la fila de nuevo. Los demás se quedan donde estuvieran al momento de él virarse hacia ellos.

Vuelve a virarse de espaldas al grupo y a decir:

Uno, dos, tres, pescao

repitiendo las mismas acciones.

Gana el juego quien primero llegue y toque al líder sin que éste lo vea.

PAN QUEMAO

Los jugadores forman una fila cogidos de las manos. El que está en uno de los extremos dice:

—*Pan quemao ¿quién lo quemó?*

Los demás participantes, dirigidos por el jugador del otro extremo de la fila, van pasando por debajo de los brazos unidos de los demás jugadores. Mientras lo hacen, dicen:

—*La perrita traidora. Que pase, que pase que pase...*

Cuando llegan al último participante, dicen: ¡Ya! y luego halan la cadena que se ha formado.

Gana aquél a cuyo lado caigan más jugadores.

RELEVO DE SALTOS

Los participantes forman dos equipos con igual número de participantes en cada uno de ellos. Luego de sorteados los turnos, los dos primeros que van a saltar se colocan detrás de la línea de partida. A la voz de 1, 2 y 3 saltan ambos hacia el frente. Los próximos participantes se colocan donde cayó su anterior compañero de equipo y de ahí saltan hacia adelante sin esperar conteo.

El primer equipo que logre que todos sus miembros hayan llegado a la meta gana el juego.

LA BARRA

Se colocan en dos bandos con igual cantidad de jugadores a ambos lados. Forman dos filas enfrentadas a una distancia de cuarenta pies marcada por líneas en el piso.

Cuando un jugador de uno de los bandos sale al campo situado entre ambos, otro jugador del bando opuesto sale a cogerlo lo que él tiene que evitar esquivando a su perseguidor. A la misma vez de su bando sale otro jugador a coger al segundo que salió para evitar que lo atrapen.

Cualquiera que atrape a un jugador del bando contrario, lo trae prisionero a su bando.

A veces los de un bando se cogen de la mano formando una cadena para rescatar a sus compañeros. Si uno del bando opuesto logra tocar a uno de los que forman la cadena, hace prisioneros a todos los que componen la cadena. Si esto no sucede, van al otro bando y rescatan a todos los que logren tocar.

Gana el bando que logre capturar a todos los del bando contrario.

LA BURRITA

Forman dos bandos con igual número de participantes en cada uno de ellos. Todos los miembros de un bando se colocarán en cuatro patas uno detrás del otro. Cada miembro del equipo contrario brinca sobre la espalda de cada uno de ellos. Todos cuentan hasta diez.

Repiten la acción; pero esta vez es el bando contrario el que se coloca en cuatro patas.

Gana el juego el bando que resistió la cuenta de diez. En ocasiones, luego de contar hasta diez, cuentan los participantes que resistieron ese tiempo sosteniendo al contrario a sus espaldas. Repiten el juego y vuelven a contar. Gana el juego el bando que logró que mayor número de sus componentes resistiera la cuenta.

JUEGO DE LOS NUMEROS

Según el señor Ramón Cruz del Municipio de San Sebastián, los participantes forman una fila uno detrás del otro. A cada jugador se le asigna un número en orden sucesivo.

Tomemos por ejemplo, que participan diez jugadores. Se disponen de esta manera:

X	X	X	X	X	X	X	X	X	X
1	2	3	4	5	6	7	8	9	10

o de derecha a izquierda, pero siempre en orden sucesivo.

El empezar el juego, el líder, que es siempre el número uno, dice un número. Por ejemplo:

"el cinco"

El cinco a su vez grita otro número. El que tiene ese número grita otro número. Así sucesivamente.

Si no responde a tiempo, si dice su propio número o dice un número mayor al de los participantes, tiene que irse a la cola y algunos cambian de número. Por ejemplo, el cuatro dice: doce.

Como el doce no existe, el cuatro va a la cola. Se convierte en diez...

    el nueve se convierte en ocho

        ocho   siete

        siete   seis

        seis   cinco

        cinco   cuatro

Los números tres, dos y uno que van antes del que falló, se quedan igual. Esta regla rige siempre.

Cuando es el número uno quien dice un número mayor al de los participantes, sucede lo mismo. El número dos se convierte en uno. Todos los demás también cambian de número.

Termina el juego cuando así lo deciden los jugadores.

LA CARRETILLA

Trazan dos líneas rectas paralelas a una distancia de cuarenta y cinco yardas. Detrás de una de esas líneas se colocan los participantes en parejas.

Uno de cada pareja se coloca de espaldas frente a su compañero. Coloca ambas manos en el piso. Su compañero lo levanta asiendo sus pies hasta colocarlos a ambos lados de su cintura. De esa manera forman las carretillas.

A una señal dada corren hacia la otra línea. La primera pareja que llegue a la meta, gana la carrera.

En ocasiones, para formar la carretilla, se colocan frente a frente. De esta manera resulta más divertido, según los informantes.

TELEGRAMA

Forman una línea, uno al lado del otro, mirando hacia otro jugador que estará a cierta distancia del grupo. Se sucede este diálogo:

        Líder: ¡Telegrama!
        Grupo: ¿Para quién?
        Líder: Para _____
        Grupo: ¿Qué dice?
        Líder: (Cualquier palabra) _____

El participante ha de dar un paso por cada letra que tiene esa palabra. Luego llama a otro participante o al que había llamado previamente sucediéndose siempre lo mismo.

Los participantes no pueden moverse de sus sitios a menos que sean llamados por el líder, pues, si éste los sorprende moviéndose, los envía de regreso a la línea de partida.

Gana el primero que llegue a la línea donde está el líder.

En ocasiones lo juegan como se juega *Candela* (Véase página 152 en este trabajo).

FREE-MOM

Forman dos líneas paralelas separadas una de la otra por una distancia aproximada de dos yardas y media. Miran hacia el espacio que queda entre ambas líneas.

A un extremo, entre esas líneas, se coloca un participante. Al éste empezar a caminar de un extremo a otro entre las líneas dirá:

Free

si no quiere que lo toquen. Ningún participante podrá tocarlo so pena de ser expulsado del juego.

Si por el contrario, quiere que le den puños por la espalda dirá:

Mom

Sigue su camino hacia el otro extremo. Si logra acertar quién le dio, el que le dio se coloca a un extremo entre las líneas y él se coloca en el espacio que ocupaba anteriormente ese participante.

Al llegar al otro extremo puede repetir la misma palabra o cambiar a la otra.

La palabra "Free" podrá ser pedida solamente tres veces, so pena de salir del juego. Mientras que la palabra "Mom" se puede decir las veces que el participante quiera.

MATARILE-O ¿DONDE ESTAN LAS LLAVES?

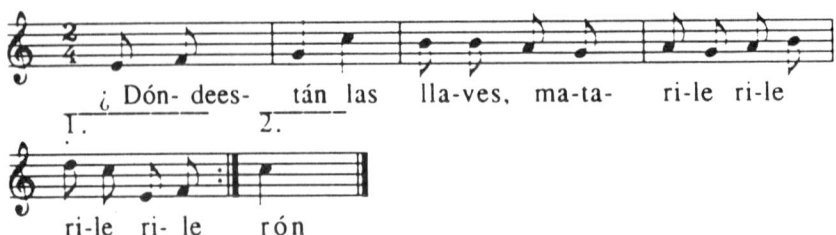

Se juega igual que Ambos a dos (Véase página 116), aunque con distinta melodía.

> — ¿Dónde están las llaves
> Matarile, rile, rile?
> ¿Dónde están las llaves
> Matarile, rile, ron?
> — En el fondo del mar
> matarile, rile, rile
> En el fondo del mar
> matarile rile, ron.
> — ¿Quién irá por ellas
> Matarile, rile, rile?
> ¿Quién irá por ellas
> Matarile, rile, ron?
> — Pues irá _____ (nombre de un participante)
> Matarile, rile, rile
> Pues irá _____
> Matarile, rile, ron.

Sigue el juego hasta que una niña se quede sola. Forman un círculo y dando vueltas alegremente cantan:

> — Celebremos todos juntos
> Matarile, rile, rile
> Celebremos todos juntos
> Matarile, rile, ron

SEVEN UP

Se requiere por lo menos catorce participantes para jugar. Siete de ellos se sientan con sus cabezas bajadas y los ojos cerrados.

Los otros siete jugadores pasan por el lado de los que están sentados y cada uno de ellos toca por el hombro o la cabeza a uno de los niños que están sentados de manera que cada uno toque a uno.

Al escuchar la palabra ¡Yaa! levantan la cabeza y cada uno dice quién lo tocó. Si adivina, el otro pasa a ocupar su posición. Si no adivina, ha de permanecer sentado para el próximo juego y el niño que lo tocó permanece en el juego para volver a tocar.

Es más divertido el juego cuando es entre siete jugadores caminando entre muchos niños sentados.

LA SEÑORITA ELENA

Los participantes forman dos filas uno al lado del otro sin cogerse de las manos, a una distancia de aproximadamente cuatro pies entre ambas líneas.

Una de las participantes se coloca a la entrada del espacio que hay entre las dos filas. Se coloca las manos en su cintura y empieza a moverse rítmicamente a lo largo y de frente a una de las filas. Al llegar al otro extremo, vira rápidamente y se coloca de frente a la otra fila, manteniéndose siempre en movimiento. Mientras ella ejecuta esos movimientos, los demás participantes cantan:

> La señorita Elena
> entrando en el baile
> pero baile, baile, baile.
> Y si no lo baila
> tendrá un castigo malo,
> pero malo, malo, malo.

La niña que está en el centro coge por las manos a cualquier niña y la lleva a bailar con ella entre las dos filas mientras los demás cantan.

> Venga usted que la
> quiero ver bailar. (Bis)

La niña que estuvo bailando originalmente, suelta de la mano a su compañera dejándola sola bailando en medio de ambas filas. Ella toma un lugar cualquiera entre los demás participantes aunque generalmente ocupa el que dejó la compañera.

Mientras realizan esas acciones, los de la fila cantan:

> Déjala sola,
> sola, solita
> Déjala sola
> sola, solita

Siguen cantando la canción desde el principio, sustituyendo el nombre de Elena por el de la niña que esté bailando en ese momento.

Aunque este juego lo practican generalmente las niñas, también los niños lo juegan en cuyo caso cantan:

> El señorito _____.

(Lo demás sigue igual).

HILO VERDE

Forman una fila uno al lado del otro cogidos de la mano. A una distancia aproximada de tres yardas estará un participante frente a la fila. Este último niño representa al embajador del Rey. El es quien empieza un diálogo cantando con la madre de las niñas. El diálogo se sucede a la vez que caminan hacia el frente cantando los dos primeros versos. Retroceden cantando los últimos dos versos de cada estrofa.

Embajador	— *Hilo, hilo, hilo verde* *Que hilando lo hilé.* *En el camino me han dicho* *lindas hijas tiene usted.*
Madre	— *Téngalas o no las tenga* *yo las sabré mantener;* *que del pan que yo comiere* *comerán ellas también.*
Embajador	— *Yo me voy muy enojado* *a los palacios del Rey;* *a decirle a mi señor* *lo que usted me respondió.*
Madre	— *Vuelva, vuelva caballero;* *no sea tan descortés,* *que de tres hijas que tengo* *la mejor será de usted.*
Embajador	— *Esta escojo por esposa,* *por bonita y por mujer,* *que parece una rosita* *acabada de nacer.*

Al cantar la última estrofa coge a una de las niñas de la mano y se la lleva.

Se sucede el juego hasta que al quedar la madre sola, se convierte en embajador. Prosiguen el juego como antes.

GIGANTES Y ENANOS
(Paso de Gigantes)

Forman una fila, uno al lado del otro, sin tomarse de las manos. Otro participante se coloca frente a una línea que trazan en el piso a una distancia de seis a diez yardas, frente a los demás jugadores. Este será quien "pida".

Va llamando a cada niño en el orden que él desee. Le pide que dé cierto número de pasos hacia la línea frente a la cual él se encuentra.

Por ejemplo:

—*Luis, dame tres pasos de gigante.*

Luis pregunta inmediatamente:

—*¿Puedo o no puedo?*

Luego de efectuar la acción, el que pide llama a otro participante y sucede lo mismo aunque puede cambiar la cantidad y calidad de los pasos.

El que es llamado tiene que preguntar ¿puedo o no puedo? siempre antes de empezar a efectuar sus pasos. De no hacerlo así tiene que regresar a su punto de partida original y esperar a que lo vuelvan a llamar.

A veces el líder le contesta: "No puedes". El jugador entonces tiene que quedarse donde estaba.

Los participantes, al moverse imitan los pasos de lo que se les pide. Entre otros pasos están:

- *gigante - pasos amplios*
- *enano - pasos cortos*
- *kanguro - saltos*
- *sapo - saltos*

— *hormiga - pasos sumamente cortos*
— *bailarina - contorsionan sus cuerpos mientras caminan*
— *tijera - colocan un pie inmediatamente frente al otro para lograr trasladarse*
— *los que pueda imaginarse el líder*

Cuando el líder se descuida, los que están camino a la meta tratan de moverse hacia la línea sin que él los vea. A quien éste sorprenda en movimiento le ordena volverse al punto de partida y continúa el juego.

Su orden es inapelable.

Gana este juego el participante que llegue primero a la línea.

Gigantes y Enanos

La Sra. Luz N. Figueroa de 32 años relata cómo ella jugaba Gigantes y enanos.

Aunque los participantes pueden estar dispersos, pero cerca del líder, generalmente su formación es exactamente igual al juego descrito anteriormente.

En este juego, el líder grita "Gigante". Los participantes se colocan lo más derecho posible sin moverse.

A la voz de: "Enanos", los jugadores se agachan.

Los jugadores que hagan lo contrario pierden y tienen que salir de juego.

A veces el líder da las órdenes bastante rápidamente lo que crea confusión en los demás participantes y le da vivacidad al juego.

Las órdenes no se dan necesariamente alternando "Gigantes" con "Enanos".

CALABAZA
(¡Pum, calabaza!)

Forman dos líneas frente a frente sin cogerse de la mano. En una de ellas se colocan las niñas y en otra los niños. Hay una distancia de tres yardas entre las filas.

Un participante se coloca al final entre ambas filas. Le dice al oído a cada una de las niñas, el nombre de uno de los varones que están en la otra fila. Luego que ha "asignado" el nombre de cada varón, el niño que está en uno de los extremos de la fila camina hasta la fila de las niñas.

Coge de la mano a una de ellas y camina con ella hacia la fila de los varones. Si a ella le había sido asignado el nombre de él, ella llega hasta la fila de los varones y se coloca en el lugar que ocupaba él. El va a la fila de las niñas y se coloca en el lugar que ocupaba ella.

Si no fue a ella a quien le dijeron el nombre de él, la niña, en medio del camino le pisa un pie y le grita:

¡Pum, calabaza!

Regresa a la fila de las niñas y él regresa a su puesto.

El niño que ocupa el lugar a la derecha de ese varón sale y efectúa la misma acción. Puede escoger a la misma niña si así lo desea.

Luego que una niña se coloca en la fila de los varones no puede ser movida de ahí.

Sigue el juego hasta que los niños estén colocados en la fila que originalmente ocuparon las niñas y viceversa.

A veces le asignan el nombre a los niños.

Madeline Feliciano de Bayamón, 12 años, nos refiere que ella acostumbra jugarlo sin asignar nombre. El varón toma de la mano a la niña que él desee.

Si la niña está de acuerdo llega con él hasta la fila de los varones. Si no lo está, sucede lo que describimos en la **versión original**.

LA VIBORA

A la ví-bo-raa-la ví-bo-ra-- de la mar,
por-a-quí pue- den pa-sar. Por a- quí yo
pa-sa-ré yu-na ni-ña de-ja-ré. E-sa ni-ña
cual se-rá la dea-lan-teo la dea-trás.
La dea-lan-te co-rre mu-cho, la dea-trás se
que-da-rá. Pa-se mi-sín, pa-se mi-sán
por la puer-ta deAl-ca-lá.

Después de echar la suerte para saber quiénes formarán un puente, las dos niñas que fueron escogidas van a un lugar donde nadie las oiga. Cada cual escoge el nombre de alguna fruta. Regresan a donde están sus compañeras quienes forman una fila, una detrás de la otra.

Mientras pasan por debajo del puente cantan todas:

> *A la víbora, a la víbora de la mar.*
> *Por aquí pueden pasar.*
> *Por aquí yo pasaré,*
> *y una niña dejaré.*

*Esa niña ¿Cuál será,
la de alante o la de atrás?
La de alante corre mucho
y la de atrás se quedará.*

Las dos niñas que forman el puente bajan sus manos inmediatamente para atrapar a la niña que pasa por allí en ese momento.

A la vez que ambas la zarandean le dicen:

—*Pase misín, pase misán,
por la puerta de Alcalá*

Dejan de moverla y le preguntan:

—¿Qué te gusta más
_____ o _____ ?
(Mencionan las frutas que ellas escogieron)

La niña contesta y pasa a ser propiedad de la niña que había escogido esa fruta.

Continúa el juego siempre de la misma manera.

Cuando ya todas han sido cogidas, cuentan cuántas niñas tiene cada una. La que tiene más niñas es la ganadora. En caso de empate, nadie gana; si lo desean, vuelven a jugar.

Además de frutas pueden escoger vegetales, flores y lugares.

SOMEBODY-ODY

Los participantes se colocan en parejas uno frente al otro, cogidos de las manos. Mientras halan a su pareja, alternando ambos sus manos y sus pies, cantan:

> *Somebody - ody, ody, ody*
> *Somebody - ody, ody, ody*

Separan sus manos mientras cantan y efectúan las siguientes acciones:

---

* Se dice el nombre de un niño tres veces.

> *Se da una vuelta*
> *Se toca el piso*
> *Se alzan las manos,*
> *y estamos unidos.*

Al cantar el último verso le dan la mano a la pareja y se separan inmediatamente.

Uno de los participantes, de los que están en los extremos de las filas, pasa entre ambas líneas moviéndose rítmicamente mientras los demás cantan:

> —*Que pase (nombre del niño)*
> *(nombre del niño), (nombre del niño).*
> *Que pase* _____,
> _____ , _____ .
> *Que pase* _____,
> _____ , _____ .

hasta que él llegue al final de las filas. Al llegar allí, se coloca al final de la fila de la que originalmente él salió.

Luego pasa la pareja de él mientras le cantan:

> *Que pase* _____,
> _____ , _____ , etc.

Siempre dicen el nombre de la niña o del niño que esté pasando por entre las filas.

Uno a uno van pasando los participantes por entre las filas. Cuando ya todos lo han hecho cantan la siguiente canción y efectúan las acciones que en ella se mencionan:

> *Somebody, ody, ody*
> *Somebody, ody ody.*
> *Se da una vuelta.*
> *Se toca el piso,*
> *y estamos unidos.*

VERBENA

Dos niñas forman un arco con sus manos levantadas. Por debajo de ese arco pasan las demás niñas en fila sin tocarse.
Mientras van pasando todas cantan:

> Verbena, verbana
> Jardín de Cartagena.
> La Virgen de la cueva
> Los pajaritos cantan
> La Virgen se levanta.

> *Urí, urí, urá*
> *La reina va a pasar*
> (Repiten los últimos dos versos).
> *La de alante corre mucho,*
> *la de atrás se quedará.*

Bajan los brazos e interceptan a la que queda entre ellas. A la vez que mueven a la niña hacia delante y hacia atrás, le dicen:

> *Pase misín, pase misán*
> *por la puerta del cajón.*

Detienen el movimiento y le preguntan:

> —¿Qué te gusta más?
> ¿_____ o _____?
> (Le mencionan las dos alternativas que estarán representadas en forma secreta por las niñas que forman el arco. Estas pueden ser nombres de frutas, vegetales o acciones).

Luego que la niña responde, pasa a ser contada como un punto a favor de aquella que representa la alternativa escogida por ella.

Cuando ya todos han pasado, cuentan quién tiene más tantos a su favor y esa gana el juego.

¡QUE LLUEVA!

Se juega y se canta igual que Verbena, pero cantando. Informante Hilda Ramos, 60 años, Bayamón.

> *Que llueva, que llueva*
> *la Virgen de la cueva.*
> *Los pajaritos cantan,*
> *la Virgen se levanta.*
> *Por aquí pueden pasar.*
> *El de alante corre mucho*
> *y el de atrás se quedará.*

LA BURRA

Luego de echar la suerte para saber el orden en que se colocarán en la fila, todos los participantes, menos el número uno se colocan en cuatro patas, uno detrás del otro. El número uno brinca a horcajadas (pero sin detenerse) sobre cada uno de sus compañeros. Cuando llega al final de la fila se coloca en cuatro patas y permanece allí. El que queda último en la fila se levanta y hace lo mismo que el anterior. Continúa repitiéndose la acción hasta que todos los participantes hayan pasado por sobre las espaldas de todos sus compañeros.

A veces forman bandos y juegan a ver cuál de ellos completa la acción en menos tiempo.

V. JUEGOS DE FORMACIÓN DISPERSA

COMADRITA LA RANA

Aunque puede jugarse con formación dispersa, generalmente en este juego los niños forman dos grupos con igual número de participantes. Trazan una línea recta para separar los grupos y se ñangotan. Entablan el siguiente diálogo mientras brincan:

> —*Comadrita la rana*
> —*Señor, señor*
> —*¿Vino su marido?*
> —*Sí, señor.*
> —*¿Qué le trajo?*
> —*Una mantilla.*
> —*¿De qué color?*
> —*Verde limón.*
> —*¿Vamos a misa?*
> —*No tengo camisa.*
> —*¿Vamos al sermón?*
> —*No tengo ropón.*
> —*Pues sopita y pita*
> *que no tiene tapita*
> —*Pues sopita y pon*
> *que no tiene tapón.*

Gana el grupo que mayor número de participantes logre mantener ñangotado sin caerse hasta el final.

En caso de que surja empate se mantienen ñangotados y empiezan el diálogo nuevamente.

CHICO ÑANGOTADO
También se conoce como *Chico Bajo* o *Chico Brujo*

El jugador que va a perseguir a los demás cuenta hasta diez para darles oportunidad a que corran hacia distintas direcciones. Terminado el conteo, sale a perseguir a sus compañeros de juego, los cuales podrán ponerse a salvo si se ñangotan antes de ser tocados.

Según él los va tocando, se van eliminando hasta que quede uno, que será el ganador.

CHICO PARALIZADO

Un niño "se queda", o sea, será quien vaya a correr detrás de sus compañeros que están dispersos por el área de juego. Cuando él dice: "Yaaaaa...."; Empiezan a correr.

A quien él toque se ha de quedar en la posición en que estaba en ese momento. Sólo podrá seguir corriendo cuando uno de sus compañeros lo toque y grite: "Rescatado".

Versión número 2

Habrá unos "seguros" esto es, unos lugares donde el niño, al ver acercarse al que lo va a tocar, se refugia parándose en ellos o tocándolos. Puede ser tocar cierto árbol o cierta pared, pararse sobre alguna marca. Ahí no lo pueden tocar. Cuando el otro niño se aleja, puede seguir corriendo.

No tiene que hacer uso de los seguros si no quiere.

En algunas ocasiones, acuerdan que si le tocan estando en seguro, el que le tocó pierde el juego.

Versión número 3

Quedarse paralizado sin que haya quien rescate. El último que quede corriendo, gana el juego.

Se convierte en "IT".

En ambas versiones, sólo toca un niño. Todos saben quién es y le huyen.

Gana el niño que no se deja coger, o se termina el juego cuando el que toca se rinde o cuando una misma persona es paralizada en tres ocasiones aunque no sean consecutivas. En este caso, ese jugador tiene que pasar a paralizar a los demás.

LAS PAPAYAS
(Los melones)

Participan en este juego, la madre, la hija y un viejecito. Los demás participantes se sientan en el piso porque serán las papayas.

Dícele la madre a su hija:

> —*Hija, aquí te dejo estas papayas*
> (las cuenta dóndole cocotazos).
> *Cuídamelas en lo que voy al mercado.*

Se va la madre y llega un viejecito a pedirle un vaso de agua a la hija. La niña se retira a buscar el vaso de agua, ocasión que aprovecha el viejo para escoger una papaya (también escoge dándole cocotazo a algunas hasta que llegue a la que él quiere llevarse y dice: "Esta está madura. Esta está buena") y llevársela. Cuando la niña regresa a traer el agua ya no está el viejecito y falta una papaya.

Regresa la madre quien, al darse cuenta de que le falta una papaya, le pregunta a su hija que dónde está. Esta le responde que allí sólo ha ido un viejecito a pedirle agua y le explica lo sucedido. La madre le pega a su hija por no haber cuidado las papayas.

> *Me cuidas las que quedan que tengo que ir a* _____
> (pone algún pretexto para salir de la casa).

Vuelve a suceder lo mismo que pasó antes.

Cuando el viejecito se ha llevado todas las papayas, viene vendiéndolas. Al pasar frente a la casa de la hija y la madre, éstas reconocen las papayas. Las persiguen y le dan una pela a cada una por haberse ido con el viejo.

Todas corren al viejo y al lograr capturarlo le dan una golpiza por pícaro.

En otra versión ofrecida, cuando la madre regresa a su casa y cuenta las papayas, la niña se está bañando. Entablan este diálogo madre e hija:

> —*Nenaaa*
> —*Me estoy bañando*

La madre espera un momento y vuelve a llamar a su hija quien le contesta:

—*Me estoy secando*

Y así, cada vez que la madre la llama, consciente de que ha faltado a su deber de cuidar de las papayas, contesta:

—*Me estoy poniendo la ropa*
—*Me estoy poniendo las medias*
—*Me estoy poniendo los zapatos*
—*Me estoy peinando*

Cuando la mamá se percata de que su hija está alargando el tiempo, le dice:

—*Acaba, sal del baño, y ven acá.*

La niña sale y sucede lo mismo que en la versión anterior.

CANDELA

En este juego participan por lo menos cinco jugadores. Cuatro de ellos se colocan en una esquina cada uno. El quinto jugador pasa al centro.

Se dirige a uno de los jugadores preguntándole:

¿Hay candela?

El niño a quien él le preguntó contesta:

—*Por allí jumea* (humea)
y le señala hacia una de las
esquinas donde está otro jugador.

El jugador se mueve hacia la esquina que acaban de señalarle mientras todos tratan de intercambiar posiciones. El que está buscando candela trata de ocupar una de las esquinas. Si lo logra, el que se queda sin lugar pasa a ser quien busca la candela. Informante: Rafael Cardona de la Obra, 50 años.

DOBLE TREINTA

El que se queda extiende sus brazos. Los demás participantes lo sujetan por los dedos y dicen todos a la vez: Doble uno, doble dos, doble treinta.

Sueltan los dedos del líder y salen corriendo en todas direcciones.

El líder cuenta del uno al diez y corre a perseguir a los demás participantes. Cuando logra tocar a cualquiera de los jugadores éste se convierte en su ayudante. Ambos pueden ahora tocar a los demás. Según van siendo tocados, a su vez pueden tocar a sus compañeros de juego hasta que todos han sido tocados.

DAITO O MARRO

Un jugador cuenta hasta diez y sale corriendo a perseguir a sus compañeros de juego.

Cuando logra tocar a uno grita: Daíto. Quien fue tocado se convierte en perseguidor. El que lo tocó sigue corriendo y se convierte en perseguido igual que los demás.

Cualquier jugador que sea tocado tres veces tiene que salir de juego.

RESCATE O LOCO LIBRADO

Forman dos bandos con igual cantidad de jugadores. Escogen un líder para cada bando, un lugar que se convierte en cárcel automáticamente y un guardián.

Los líderes y el guardián se colocan en el centro entre ambos equipos. El guardián, tirando al aire una moneda les pregunta: ¿Cara o cruz? Cada uno dice la palabra que quiere. Al caer la moneda al piso el guardián grita diciendo si cayó cara o cruz.

El grupo cuyo líder escogió lo contrario sale corriendo perseguido por el grupo cuyo líder adivinó.

Cada vez que cualquiera del grupo logre coger a uno de los del bando contrario, lo lleva hasta la cárcel donde está el guardián. De ahí puede ser liberado por uno de su propio grupo que logre burlar la vigilancia del guardián.

El guardián puede tomar preso a quien venga a liberarlos.

Si el que va a ser liberado toma de la mano a los demás que están presos, todos quedan libres.

Cuando logran capturar a todos los contrarios éstos salen a capturar a los del otro bando.

A veces juegan sin guardián.

LOS PUEBLOS O PAISES

Generalmente juegan cinco participantes. Uno de ellos se coloca en el centro, los otros cuatro se colocan cada uno en una esquina o base previamente señalada. El líder le asigna un nombre de un municipio de Puerto Rico o de algún país del mundo a cada participante incluyéndose él. Luego llama a dos de ellos en voz alta. Los participantes que tienen esos nombres asignados tratan de intercambiar sitios rápidamente. Mientras tanto, el líder trata de ocupar uno de esos dos lugares.

Si lo logra, el que se quede sin ocupar lugar ocupa el puesto del líder. Si el líder no logra tomar un puesto, sigue llamando dos o tres municipios o pueblos. Se sucede siempre la misma acción.

Si en tres ocasiones no logra coger un sitio, lo eliminan del juego y nombran a otro líder.

Si el líder grita: "Se movió el correo", tienen que moverse todos.

En otras versiones se juega con nombres de colores, capitales o con nombres de los mismos niños que participan en el juego. En cada una de estas versiones se dice: "Cambio" cuando quieren que todos los niños cambien de sitio.

EL MARRO
(Marro Fronteao)

Forman dos bandos con un capitán en cada bando. Se colocan en filas detrás de dos líneas paralelas. Los capitanes echan la suerte para saber quién enviará a uno de sus jugadores a la base. La base será un pedazo de cartón, pedazo de periódico, árbol o columna que ellos asignen. Será la misma durante todo el juego y estará a una distancia aproximada de ocho a diez yardas de los bandos. El capitán nombra a su primer jugador; éste pasa a la base. A una segunda señal corre alejándose de la base y de los bandos. El otro capitán nombra a uno de sus jugadores quien perseguirá al que va corriendo. Tratará de capturarlo antes de que logre regresar al bando al que él pertenece. Si regresa, se coloca en su bando y lo declaran "a salvo".

Si es capturado, lo colocan prisionero en el bando del que lo capturó. Podrá ser rescatado solamente por el capitán de su bando quien vigilará un descuido del capitán contrario para lograr el rescate.

Al capitán del segundo bando le toca ahora enviar su jugador a la base. Prosigue el juego de la misma manera.

Pierde el bando cuyos jugadores no han podido ser rescatados por el capitán.

ESCONDER

Un niño, escogido previamente, se coloca de frente a una pared o cierra sus ojos mientras cuenta, generalmente hasta diez, en voz alta. Mientras tanto, los demás jugadores se esconden en distintos sitios.

Luego abre los ojos y comienza a buscar a sus compañeros de juego. Tan pronto logra ver a uno dice: "Fulano, te vi". Ese tiene que salir de su escondite e irse a un lugar determinado con anterioridad.

Si dice el nombre de otro niño que no sea el que él está viendo, el jugador le dice: "Te quemaste" y sale del escondite. A veces cuando el buscador se quema todos salen de sus escondites, otras veces solamente sale del escondite aquél a quien él vio. También pueden salir ambos: el que vio y el que nombró.

Termina el juego cuando todos han salido de su escondite.

Versión número 2

Un niño se coloca frente a un árbol o a un poste o se tapa los ojos y comienza a contar hasta cuarenta. Mientras cuenta, los niños se esconden. Después que termina de contar, abre sus ojos y sale a buscar a los que se escondieron. Cuando encuentra a uno de los que están escondidos, le dice: "Fulano, te vi". Los dos salen corriendo al poste o árbol donde estaba el que contó. El que llegue primero gana el juego.

LAS CINTAS

Se escogen las niñas que van a ser la dueña de la tienda, la Virgen y el ángel. La dueña de la tienda le asigna un nombre de un color a cada una de las demás participantes sin que los demás se enteren.

Todas las que tienen nombre de color asignado, se sientan o se paran detrás de la dueña de la tienda.

Llega la Virgen. Entre ella y la dueña surge el siguiente diálogo:

—*Tun, tun*
—*¿Quién es?*
—*La Virgen*
—*¿Qué busca?*
—*Cinta*
—*¿De qué color?*
—*(La Virgen dice un color)*

Si alguna niña tiene ese color asignado, sale corriendo perseguida por la Virgen. Si la Virgen logra alcanzarla, se la lleva a un lugar previamente determinado. Vuelve a donde está la dueña de la tienda y se suscita el mismo diálogo.

Cuando pide un color que no existe allí, la dueña le dice que no hay. La Virgen se retira.

Llega el ángel y se suscita la misma situación.

Al correr, la niña que representa un color trata de no dejarse coger por la otra. Corre hasta la dueña de la tienda y abrazándola le dice:

Bendición mamá.

Vuelve a su lugar a representar otro color que también le será asignado por la madre-dueña.

Los turnos para pedir la cinta pueden ser alternados entre el ángel y la Virgen, o uno de ellos seguir pidiendo hasta que solicita un color que no hay. Entonces tiene que ceder su turno al otro personaje.

Gana el juego quien haya adivinado más colores y, por lo tanto, tenga más niñas en su lado al terminar el juego.

La señora Idalia Soto de Bird, de San Juan, 42 años de edad, dice haberlo jugado como *¿Quién toca?* o *El ángel bueno y el ángel malo*. Sus personajes son un ángel bueno, un ángel malo y el portero.

En esta versión, el niño no corre, sino que se va con quien pida su color.

El juego termina en la forma descrita anteriormente.

PUNTO Y GOMA

Entrelazan los dedos meñiques derechos de todos los participantes para sellar el pacto. Este consiste en que siempre que uno o varios miembros del grupo te miran tú tienes que estar con cualquiera de tus manos puestas en tu espalda con la palma hacia afuera.

Si no la tienes así, te dan un puño bien fuerte en la espalda.

Cualquiera que desee dejar el grupo tiene que hacerlo de la misma manera en que selló el pacto.

Se puede jugar entre más de dos personas, pero siempre pactando entre dos.

LA JAULA DE LOS PAJARITOS

Cada dos niños forman una casita levantando y uniendo sus manos. Dentro de cada casita así formada, se meterá un niño que será el pajarito.

Afuera, solo, estará un pajarito sin casita. El que está afuera grita:

—*Cambio*

Los pajaritos que están en las casitas se cambian de casita mientras el que gritó trata de meterse a una de las que habrá vacías.

Si lo logra, el niño que se quede fuera será el que gritará esta vez y tratará a su vez de meterse a una de las casitas.

Si no lo logra seguirá intentándolo hasta lograrlo. Al así hacerlo, el niño que se quedó sin casita va al centro.

Sigue el juego siempre de la misma manera.

A veces, "para variar", o para que no se quede alguien sin jugar, se queda más de un niño sin casita.

Es un juego en el que los participantes tienen que actuar rápidamente para no quedarse sin casita.

LAS ARDILLITAS

Se juega como La jaula de los pajaritos, pero gritando: "Ardillita", en vez de "cambio".

SIMON DICE

Los participantes tienen que llevar a cabo la acción que el director del juego diga siempre que la orden vaya precedida por la frase:

—Simón dice que _____.

Si la orden no va precedida por esa frase deberán permanecer en su posición. No hacerlo así implica salir del juego automáticamente.

GENTE CON GENTE

Los participantes forman parejas, menos uno que se queda en el centro. Este es el líder.

El líder les ordena unir ciertas partes de su cuerpo al cuerpo de su pareja. Por ejemplo, si el líder dice:

—*Pie con pie,*

los participantes juntan sus pies. Puede decir: "Mano con mano", "Cadera con cadera", etc.

Pero cuando dice:

Gente con gente.

corren a cambiar de pareja, ocasión que aprovecha el líder para también conseguir pareja.

El que se quede sin compañero pasa al centro del grupo y se convierte en líder.

VEO, VEO

Uno de los participantes escoge con su vista un objeto que esté al alcance de la vista de todos los jugadores. Entre él y los demás participantes se sucede el siguiente diálogo:

—*Veo, veo.*
—*¿Qué ves?*
—*Una cosita.*
—*¿Con qué letrecita?*
—*Con la letrecita* (dice el nombre de
la primera letra del objeto escogido)

Los demás jugadores tratan de adivinar el nombre del objeto. Cuando uno de ellos lo logra, ése pasa a ser quien escoge otro objeto y se repite el juego.

QUEMAR MANOS

Los participantes colocan una de las palmas de sus manos hacia arriba y la otra hacia abajo. Luego las colocan en esa misma posición de manera que las palmas de las manos de un compañero de juegos rocen las del otro.

Se miran fijamente a los ojos uno del otro.

Súbitamente mueven sus palmas para tratar de golpear el dorso de las manos del compañero.

Anotan un punto por cada golpe que logren propinarle de esa manera al compañero de juego. Generalmente juegan hasta lograr diez puntos.

En caso de empate, juegan una ronda más.

LOS MONOS
(Los Moros)

Un niño se coloca frente a los demás participantes y dice:

—*Allá vienen los moros.*

Los demás dicen:

—*A matarnos vienen.*

El jugador del frente dice:

—*Con cuchillos y palos.*

Los demás replican:

—*Déjenlos venir.*

Cuando el niño del frente dice ¡Zas!, los que así lo deseen cierran los ojos. A cada uno de éstos que cerraron los ojos el niño que inicia el diálogo le hace una cruz en la frente y dice: "Para la gloria".

Los coloca a un lado del terreno de juego.

A los que dejaron sus ojos abiertos les dice que van todos para el infierno. Los hala uno a uno y ellos se tienen que quedar como caigan.

Luego de haberlos halado a todos, trata de hacerlos reír uno a uno. El primero que se ría toma el lugar del líder y éste pasa a ser observador del juego.

Parecido a éste es el juego; *El que se ría, paga prenda*. Una línea de participantes y un líder tratando de hacerlos reír. Eliminándose según se ríen. El último que se ría pasa a ser el líder.

PELEA A CABALLO

Divididos en parejas, un miembro de cada una de ellas se monta a caballo sobre la nuca del otro. El juego consiste en golpearse los que están trepados a horcajadas hasta que uno de ellos se cae.

EL CARTERO

Este juego es parecido al llamado *Candela* (Véase Pág. 152). Los participantes forman un círculo o se colocan en bases. El jugador del centro es el cartero que pita y dice:

—*Carta.*

Los demás le preguntan:

¿Para quién?

A lo que él contesta:

De _____ *para* _____

Ambos participantes nombrados intercambian sus sitios mientras el cartero trata de colocarse en el lugar de uno de ellos. Si logra su propósito, el jugador a quien él logró suplantar pasa a ser el cartero. Si no lo logra, se continúa el juego de la misma forma.

PILLOS Y POLICIAS

Forman dos bandos uno de los cuales es de policías, el otro, de pillos.
Los pillos simulan estar cometiendo un delito en el momento en que llegan los policías quienes corren persiguiéndolos.
Cada vez que un policía logra capturar a un pillo, éste sale de juego y es colocado en un área denominado previamente como la cárcel.

Generalmente, cuando ya todos han sido capturados y encarcelados, automáticamente se convierten en policías, y se procede a jugar nuevamente.

LUCHA CON LAS MANOS

Trazan una línea recta sobre una superficie plana, preferiblemente una mesa. Dos participantes se colocan frente a frente. Se estrechan fuertemente sus manos derechas de manera que los codos queden siempre sobre la línea. Cada participante hala fuertemente hacia su izquierda hasta llevar la mano de su contrincante a rozar la superficie plana. A esa jugada la llaman derribarle la torre.

Gana el juego quien primero logre derribarle la torre a su compañero.

PERIQUEAR

Dos niñas se colocan una frente a la otra. Juntan la punta de los pies y se cogen de las manos y hechan sus cuerpos hacia atrás todo lo que les permita el largo de sus brazos.

Empiezan a dar vueltas rápidamente hasta que se cansan.

A veces juegan por parejas, y gana la pareja que más tiempo resista dando vueltas.

Otras veces se acompañan de la canción *Tu ma*.

TU MA

Dos niñas paradas frente a frente se toman de las manos, y, mientras mueven sus piernas y manos hacia el frente y hacia atrás alternadamente, cantan:

> *Tu ma, tu ma, tu ma*
> *tu máquina de coser.*
> *La tu, la tu, la tu*
> *la tuya que es de tejer.*
> *Ay, mamá no voy a la escuela*
> *porque tengo*
> *dolor de muelas.*
> *Ay, mamá*
> *no voy al salón*
> *porque me duele*
> *un talón.*

Tu ma, tu ma, tu ma
tu máquina de coser.
La tu, la tu, la tu
la tuya que es de tejer.

Cada vez cantan y actúan más rápidamente.
Pierde la primera que diga que está cansada.

VI. JUEGOS CON OBJETOS

CARRITOS

Los niños confeccionan sus carritos con pedazos de madera y latas vacías. Los hacen grandes para montarse sobre ellos o pequeños para halarlos con un cordón.

Los más grandes, a los que llaman carros de bolines, se hacen con tres palos, clavos y cuatro cajas de bolines. Dos de las tablas se colocan horizontalmente, una a cada extremo, sobre la tabla principal que siempre es más ancha que éstas. Ya clavadas ambas tablas a la tabla principal, clavan una caja de bolines a cada extremo de las tablas transversales. Luego atan una soga a la tabla principal y se sientan a horcajadas sobre ésta. Impulsados por sus pies echan a correr sus carros.

Otra variedad de carros son los que confeccionan con tablas y latas vacías. Los construyen de la misma manera que los carros grandes, pero sus dimensiones son menores. Las llantas son de latas vacías redondas y pequeñas, y van impulsados por un cordón.

A veces juegan solos, otras veces echan carreras con otros niños.

LA CORREA

"El que se queda" se coloca de frente a una pared o se va lejos del grupo. Alguien esconde una correa que le haya sido previamente presentada al que va a adivinar dónde está la correa. A una señal el jugador empieza a buscar la correa hasta encontrarla. Si no lo logra, le dan piña.

A veces, más de un participante buscará la correa.

En ocasiones acompañan este juego con el de Frío o Caliente.

FRIO O CALIENTE

Escogen entre todos un objeto. Envían a uno de los participantes lejos del área de juego, de manera que no vea dónde lo van a esconder. Esconden el objeto y llaman al que lo va a buscar. Al éste acercarse le gritan "frío" si está muy lejos del sitio del escondite. Si se acerca al sitio del escondite le gritan "caliente". A veces, si el participante está a una distancia ni muy cerca ni muy lejos de dónde está escondido el objeto, le dicen: "tibio, tibio, tibio".

Cuando está sumamente cerca le gritan: "Te quemas, te quemas, hasta que, al encontrar el objeto, le gritan: "Te quemaste".

Luego él escoge otro objeto a la vista de todos y envía a quien él escoja fuera para repetir el juego.

LA BRILLA

Cualquier objeto, previamente acordado por los participantes, ha de ser "la brilla". Los jugadores corren mientras le gritan al que tiene el objeto:

Brilla, brilla, brilla

Este tratará de tocar a cualquiera de los jugadores. Si lo logra, tiene que darle la brilla a quien él tocó. El que tiene "la brilla" ahora persigue a los demás y así sucesivamente. Durante todo el juego han de gritarle "Brilla" al que la tiene y evitarán ser tocados por éste. Informante: Wilberto Nieves Alicea, 39 años, Bayamón.

TIGÜERO

El tigüero es la espata o vaina que cubre las flores de algunas palmas. Cuando aquel cae al suelo, los niños se sientan sobre él y se impulsan por lugares con declives pronunciados.

Se conoce además con el nombre de tirigüibi.

EL OSO

Dibujan la cara de un oso en el piso. Le asignan un valor numérico a cada parte de la cara.

Trazan una línea recta a tres yardas de la barbilla del oso. Desde allí, cada jugador tira, por turno, un objeto a esa figura.

Anota los puntos que tiene asignada la parte donde cae su objeto. Generalmente utilizan chapas, piedrecitas o pedazos de vidrio.

Si el objeto cae fuera de las partes o queda tocando los bordes de ellas, tiene que ceder su turno.

A veces, en vez de la cara de un oso, dibujan una figura geométrica y siguen el mismo procedimiento.

LA VELETA

Consiste la veleta en un pedazo de yagua en forma de triángulo con una base de doce pulgadas. Aproximadamente a 3/4 pulgadas del borde de uno de los vértices se hace una perforación a través de la cual se ata una yarda de hilo corricán. Se sujeta la veleta por el hilo y se le da vueltas en el aire, lo que produce un zumbido agradable al oído.

CARRERA EN SACO

Los participantes introducen sus cuerpos de la cintura para abajo en un saco. Se colocan en hilera detrás de una línea y a la voz de: "Salgan", todos salen en carrera hacia una meta que se ha establecido con anticipación.

El primero que llegue a la meta es el ganador.

CABALLITO

Los niños, de tres años de edad en adelante, confeccionan su caballo con un pedazo de palo al cual le añaden un pedazo de trapo como brida. A veces consiguen una higüera seca, una lata vacía o una funda de papel a la cual le pintan una cara de caballo. Luego la sujetan a un palo y ya tienen su caballo.

Utilizando una guajana de caña con la pelusa hacia el frente del niño, puesta la vara entre las piernas, consideran que van cabalgando.

A veces usan una escoba tal y como viene de fábrica pensando que las cerdas son el rabo.

MUÑECAS

Las muñecas son juguetes muy apreciados por las niñas y aún por los mayores. Semejan la figura de un bebé.

Las niñas ven en sus muñecas a seres vivientes. Por eso las alimentan, las bautizan, les celebran cumpleaños y las llevan donde el médico cuando se enferman.

Hay muñecas hechas de trapo, de porcelana, de material plástico, de esponja vegetal y de yeso. Sin embargo, a veces un pedazo de madera envuelto en trapos hace las veces de una de estas criaturas que hacen las delicias de las niñas.

Cuando su cara es la de un varón, se le llama muñeco.

EL JINQUE

Los participantes trazan un cuadrado o un círculo en el piso. Muchas veces lo enmarcan con madera. Otras veces colocan una llanta de carro en desuso. Luego echan agua al área que quedó dentro de las tablas o de la llanta. En el centro de esa área colocan verticalmente un pedazo de palo de madera que sobresalga aproximadamente ocho pulgadas del piso.

Cada participante, por turno, colocado a una distancia previamente acordada, le tira al jinque con un pedazo de madera para hacerlo caer. Si lo logra, anota un punto por cada caída que provoque. Si no lo logra, pierde su turno. El próximo jugador hace lo mismo; así sucesivamente hasta que uno de los participantes anote los puntos que tenían como meta.

COLUMPIO

El columpio consiste en una tabla resistente de aproximadamente dieciocho pulgadas de largo y de ocho a nueve pulgadas de ancho. A ésta suele hacérsele dos perforaciones en los extremos.

A través de las perforaciones de cada extremo pasan una soga cuya longitud y grosor tiene que tener proporción directa con la altura del sostén que tendrá el columpio y con el tamaño de quien lo usará. Uno de los extremos de cada soga, debidamente pasado a través de las perforaciones se ata fuertemente a la otra parte de la soga. El otro extremo de ambas sogas se ata a la rama del árbol o viga que servirá de sostén.

A veces colocan una soga a través del hueco de una llanta en desuso y la amarran. Amarran el otro extremo de la soga a la rama de un árbol o a una viga de manera que la llanta quede en el aire.

Tanto en el columpio de madera como en el de llanta, los muchachos se colocan sobre la parte que queda colgando. Se sostienen fuertemente a la soga.

Cuando son muy pequeños, otra persona los impulsa hacia el aire. Colocada detrás del que está sentado en el columpio le pone sus manos en la cintura. Lo lleva hacia arriba y hacia atrás de tal manera que el niño despegue sus pies del piso. Luego lo impulsa hacia el frente.

Ya mayor, el mismo niño se impulsa con sus pies hacia el aire.

También utilizan las lianas que penden de algunos árboles para mecerse.

FOJFORO
(Fósforo)

Los niños se llenan la boca de gofio (maíz tostado y molido con azúcar negra). Inmediatamente alguien aprovecha la ocasión para pedirle que diga la palabra fósforo. Al decir la palabra, se le sale el gofio de la boca provocando así la risa de los demás.

LA LLAVE

Los participantes forman un círculo sin cogerse de la mano, mirando hacia el centro. El que tiene la llave o el objeto lo pasa al participante que queda a su derecha. Así sucesivamente sigue pasando la llave de mano en mano mientras va diciendo cada cual la línea que le corresponde y las que le antecedieron:

> — Esta es la llave de la casa.
> — La casa está en la plaza.
> — En la casa hay un piso.
> — En el piso una mesa.
> — En la mesa una jaula.
> — En la jaula hay un loro.

Al llegar al próximo participante, éste debe resumir diciendo lo siguiente:

> — Que dice: Perico en jaula,
> mesa en piso, piso en casa.
> Casa en plaza ésta es la
> llave de la casa...

le entrega la llave al próximo quien seguirá con:

> — La casa está en la plaza

pasándola al próximo participante.

Prosigue el juego de la misma manera hasta que algún participante se equivoque, en cuyo caso se elimina.

A veces paga prenda y vuelve a empezar el juego desde el principio. Esta vez empieza quien le queda a la derecha del que se equivocó.

Al finalizar el juego, el que se quedó impone los castigos a los que pagaron prenda para que puedan recuperarla.

REVOLTILLO DE ZAPATOS

Los participantes colocan sus zapatos en un montón en medio del área donde van a jugar y se retiran hasta colocarse todos a la misma distancia de donde dejaron sus zapatos.

A una señal dada corren hasta donde están los zapatos, buscan los suyos y se los ponen lo más rápidamente posible. El primero que lo logre es el ganador.

Obviamente, todos los zapatos tienen que ser de una misma clase.

LA GUERRA

Los muchachos forman dos bandos. Se van a un área donde haya muchas semillas de algunos árboles como reina de las flores, pinos y marías. Desde distintas posiciones empiezan a tirarle a dar a los jugadores del equipo contrario.

En ocasiones también suben a los árboles para obtener directamente de sus ramas las semillas.

BOLERO

El juego de bolero, balero o pompón consiste en ensartar en un recipiente vacío sostenido fuertemente en la mano, una bola que penderá al extremo de un cordón que se haya sujetado a uno de los bordes del recipiente. Para lograrlo se le imprime al juguete movimiento hacia el frente y hacia arriba y luego se deja caer la bola libremente.

PAPA CALIENTE

Los participantes forman un círculo mirando hacia el centro. De espalda a ellos y a una distancia prudente se coloca el líder del juego.

Un niño del círculo tiene una papa u otro objeto en la mano. Tan pronto el líder empieza a decir:

Papa caliente. Papa caliente.

Empiezan a pasar el objeto de mano en mano de uno a otro participante hacia la derecha y por el frente de cada cual.

Los movimientos tienen que ser rápidos. De momento, el líder del grupo se vira de frente hacia el grupo y dice:

¡Ya!

El participante que tiene el objeto en ese momento, se elimina.

Cuando quedan solamente dos participantes, el que no tenga la papa o el objeto que fuera en la mano al decir ¡Ya! por última vez, gana el juego o pasa a ser el líder según haya acordado el grupo antes de empezar a jugar.

LA BOTELLITA

Los participantes colocan en el piso una botella vacía, en forma horizontal. Forman un círculo sin cogerse de la mano mirando hacia el centro donde está la botella.

Luego de ésta ser colocada de la manera antes descrita, el líder del juego se sitúa al lado de ella y dice:

> *Al que le toque, tiene que*
> *(cantar, bailar, recitar, etc.)*

Hace girar la botella, y el jugador a quien señale el cuello de la botella, cuando ésta deje de girar, viene obligado a llevar a cabo la acción impuesta por el líder.

Algunos informantes de menos de treinta años recuerdan haberlo jugado como los muchachos de hoy lo hacen. El propósito del juego es besar a otra persona del grupo que le guste al "escogido".

A veces se besan los dos participantes a quienes señalen los dos extremos de la botella.

SUBE Y BAJA

Un tronco de árbol o cualquier protuberancia en la tierra que pueda sostener una tabla resistente le sirve a los niños para confeccionar su sube y baja. Se coloca la tabla de manera que su centro se apoye sobre lo que le sirva de sostén.

El menos pesado de los jugadores se coloca a horcajadas sobre un extremo de la tabla. El otro participante alcanza el otro extremo de la tabla, lo baja y se sienta en la misma forma que su compañero.

Luego, ayudados por sus pies y su resistencia física, se impulsan hacia arriba alternadamente.

LA SILLITA VOLADORA

Colocan dos hileras de sillas contiguas, espaldar contra espaldar habiendo siempre una silla menos que el número total de participantes.

Los jugadores se colocan formando un círculo, uno detrás del otro sin tocarse, alrededor de las sillas. Caminan en formación, SIN TOCAR LAS SILLAS, al compás de una melodía.

Al cesar la música, se sienta cada uno en una silla. El que se quede sin sentarse, se elimina del juego.

Se reanuda el juego siempre con una silla menos que el número de participantes.

Cuando no hay música, caminan al compás de palmadas o de canciones cantadas por los que están observando quienes, a la señal de un líder, dejan de cantar para indicar que pueden sentarse.

Cuando quedan dos jugadores, el que se siente al final, gana el juego.

La niña Ivette Ortega, de Buena Vista, Bayamón, informa que ella y sus amigas lo juegan de la siguiente manera:

Colocan las sillas en la forma que describimos anteriormente. Los participantes se colocan en una esquina del área de juego. Al dar una señal, que ya ellos conocerán (palmada, alguna palabra o frase, etc.), todos corren hacia las sillas.

Como en la versión anterior, el que no logre sentarse, se elimina.

Retiran una silla y prosiguen el juego. Al final el que logre sentarse es el ganador.

HOJITA VERDE

Una niña le dice a otra: "Vamos a ponernos de minga".[55] Si la otra niña acepta, rápidamente ambas doblan el dedo meñique y entre-

---

55. ser compañeros de juego

lazándolos queda sellado el pacto. A este pacto se le llama "PONERSE".

Cada niña pasa a ser "MINGA" de la otra.

Cada niña coge una hojita verde y la carga consigo. En cualquier momento que ellas se encuentren, la primera que ve a la otra dice:

Hojita Verde.

La otra niña tiene que mostrar una hojita verde. Esta no tiene que ser necesariamente aquella con la que selló el pacto.

Siempre que no pueda mostrar una hojita verde en ese momento, debe pagar un centavo.

Para dejar de ser mingas sólo tienen que decirlo. Llevan a cabo la misma ceremonia entrelazando sus dedos.

Pueden jugarlo más de dos personas, pero siempre haciendo el pacto con todas.

Este juego puede durar un día, dos días o semanas, según lo quieran los jugadores.

En ocasiones transan por mostrar cualquier objeto verde.

Hojita verde nos fue informado por personas mayores de 30 años.

GALLINITA CIEGA

Los niños sortean para saber quién será la gallinita ciega. Luego, le vendan los ojos con un pañuelo u otro pedazo de tela. Le preguntan:
Primera versión:

— *¿Cuántos años tienes tú?*
— *Siete* (No necesariamente tiene que ser su verdadera edad).

Mientras tanto, le hacen dar tantas vueltas como años dijo tener. Al cesar de darle vueltas, la gallinita trata de tocar a uno de los participantes.

Cuando lo logra, ése pasa a ser la gallinita ciega.

Segunda versión:

— Gallinita ciega, ¿Qué busca usted?
— Una aguja y un dedal.
— ¿Dónde se le perdió?
— En el fondo del (de la) mar.
— ¿Cuántas vueltas quiere dar?
— (El niño dice cualquier numeral)

Le dan el número de vueltas correspondientes al numeral que él haya nombrado.

Tercera versión:

— Gallinita ciega ¿Para dónde vas?
— Para el fondo del mar a buscar
una aguja y un dedal.
— ¿Cuántas vueltas quiere dar?

Dice un numeral y le dan esa misma cantidad de vueltas.

El juego siempre termina cuando la gallinita agarra a otro participante quien automáticamente pasa a ser la gallinita.

LAS TRES PATAS

Es una carrera por parejas. Cada pareja une la pierna que queda junto a la de su compañero con un pedazo de soga o de tela. De esta manera ambas piernas se mueven al unísono.

A una señal dada las parejas corren hacia la meta. La primera pareja que llegue, gana la carrera.

LIBRE EL CACHORRO
LIBRE EL PAÑUELO

Los participantes se colocan detrás de dos líneas paralelas o dispersos por el área de juego, pero siempre a una distancia prudente del objeto que está en el centro de ambas filas.

Cada participante ostenta un número que le es dado en secreto por el líder. En cada equipo habrá los mismos números aunque no tienen que estar dispuestos en el mismo orden.

Se ponen de acuerdo en cuanto al máximo de puntos que quieren anotar. También estipulan cuántos puntos lograrán en cada jugada válida.

El líder se coloca en un sitio determinado de antemano y grita un número. Los jugadores que ostentan ese número salen de su sitio.

Se acercan al objeto y tratan de cogerlo sin dejarse tocar de su contrincante, si esto sucede, el contrincante anota un punto para su equipo.

El objetivo es coger el objeto, correr hasta su equipo sin ser tocado por el otro participante.

Le entrega el objeto al líder del juego. Este lo coloca otra vez en el centro. Prosigue el juego siempre de la misma manera.

Si el líder grita: ¡Piña!, ¡Batería! o ¡Bonche! salen todos los jugadores a coger el objeto sin dejarse tocar por los participantes del otro equipo.

CHIRINGAS

Se le llama chiringas a una serie de juguetes que los niños confeccionan para hacerlos volar por el aire asidos a sus manos por un cordón.

Reciben distintos nombres de acuerdo a su forma y a su tamaño. El más fácil de confeccionar es el capuchino. Es además el más pequeño.

Existe la chiringa, el toro, la estrella, el barco y el cometa o bacalao.

GALLITOS DE ALGARROBA

Se le llama gallito a la semilla preparada del árbol denominado algarrobo. La misma tiene que ser perforada por el centro en la parte plana.

Terminada la perforación se introduce por la misma un pedazo de cordón fuerte (cabulla) de aproximadamente ocho a diez pulgadas de largo. Se le hace un nudo al cordón de manera que la semilla no se salga del cordón.

Uno de los participantes coloca su gallito en el piso. El otro jugador tira su gallito contra el que está en el piso. Si logra darle, le sigue tirando hasta que falle.

Si no lo logra, tiene que plantarse él[56] y el otro niño le tira.

Se suceden las mismas acciones hasta que uno logre romperle el gallito al otro.

A veces, en un solo cordón, coloca más de un gallito. Así, cuando le rompen uno, reta rápidamente para la próxima pelea.

Si al tirar a darle a un gallito, las cabullas de los dos se enredan, cualquiera de los participantes grita: "Careo". Al decirlo, tienen derecho a tirarle al gallito de su compañero (aunque no logre darle) la cantidad de veces que hayan acordado previamente que siempre es número par.

Si lo dicen los dos a la misma vez y han acordado seis tiradas de compensación, cada uno tira tres veces al gallito de su compañero o echan a la suerte quién ejecuta el derecho a las seis tiradas.

A veces sustituyen la semilla por una tuerca para hacer trampa.

BARRE CAMPO

En este juego con gallito de algarroba nos dice Wilberto Nieves, de doce años de edad, que los participantes hacen un hoyito en la tierra. Uno de ellos planta un gallito en el hoyo.

El otro jugador tira con su gallito con el propósito de darle al que está plantado. Si lo logra, sigue tirándole hasta que falle.

Cuando falla, se planta, y le corresponde tirar al otro jugador.

Siempre que le den al gallito y éste se mueva de sitio, tienen que volverlo a poner en el hoyito.

Gana el juego quien logre romperle el gallito a su compañero.

---

56. colocar su juguete en el piso para que otro jugador le tire

GALLITO DE FLAMBOYAN

Se abren dos capullos de la flor de flamboyán. Se obtiene de ellas sus respectivos estambres.

Cada participante trata de encajar su estambre en el de su compañero de juego. Cuando esto se logra, cada cual hala hacia su derecha.

El que logre romper el estambre del otro, gana el juego.
Informante: María I. Rosario, 37 años, Bo. Buena Vista.

GALLITOS DE MALLA

Los jugadores cortan dos paralelogramos pequeños con las pencas de la planta denominada malla. Un jugador planta su gallito en el suelo, preferiblemente de tierra, y los demás le van tirando por turno.

Luego se planta el segundo y le tiran, empezando desde el tercero hasta llegar al primero, y así sucesivamente.

Según se van rompiendo los gallitos se tiene que retirar el jugador. Gana el participante cuyo gallito no haya sido roto.

YUNTA DE BUEYES

A dos botellas de igual tamaño, se les coloca un trozo de madera en forma de yugo. Se hala con un cordón atado al "yugo".

ZANCOS

A dos latas de leche vacías se les hace dos agujeros a cada una, por los cuales se hace pasar una soguita que se cierre.

Cada pie se coloca sobre una lata.

Luego cada mano hala de una de las cuerdas para mantener fijas las latas y poder caminar.

GALLITO DE LAPICES

Se colocan dos lápices en el hueco de una liguilla, se le imprime un buen número de torsiones. Cuando se sueltan, sobre el suelo, etc., según la liguilla se desenvuelve, parece que los lápices han emprendido una lucha.

TROMPO

El trompo es un juguete de forma cónica truncada. Aunque se pueden comprar o conseguir por trueque, también nuestros niños los hacen de madera. Para confeccionarlos prefieren la madera de los árboles de guayaba, china o cedro pues éstas son resistentes a los golpes.

La púa que sobresale de la parte más aguda del juguete se logra introduciendo un clavo de diámetro regular dejando al descubierto por lo menos media pulgada. Luego le dan forma de púa usando para ello una lima.

Compañera inseparable del trompo es la cabulla. Esta es un pedazo de cordón de aproximadamente una yarda de largo.

De acuerdo al tamaño del trompo recibe el nombre de vaca o batata si es grande; y jícara o chatita si es pequeño.

Para sortear el orden en que los jugadores tomarán su turno usan el que en este trabajo describimos con el nombre de *La raya* (Véase página 53).

Para bailar el trompo, esto es, hacerlo girar verticalmente en equilibrio, el niño enrolla la cabulla desde la púa hasta cubrir casi toda la parte cónica del juguete. El otro extremo de la cabulla se sostiene firme entre los dedos. Se arroja el trompo hacia el suelo al mismo tiempo que se tira de la cabulla imprimiéndole movimiento rotativo.

Para tirarle a un trompo que está plantado, el jugador lanza su trompo como si fuera a bailarlo pero apuntando al que está en el piso. También puede bailarlo, tomarlo en la palma de su mano, llevarlo hacia el trompo que está en el piso y lanzarlo sobre éste con el objetivo de hincarlo.

JUEGOS CON TROMPO

A- Cobal

Cada jugador tiene dos trompos, uno para tirar y otro para plantarlo.

Los participantes trazan un círculo con las dimensiones que ellos acuerden entre sí. En el centro de ese círculo cada uno, menos la mano, coloca su trompo con la púa hacia arriba.

El objetivo de este juego es sacar del círculo cada uno de los trompos golpeándolos.

La mano tira su trompo contra los que están plantados con el fin de hincar con la púa a uno de ellos. Si lo logra le sigue tirando al mismo trompo que hincó hasta que falle. Si no logra tocarlo, o si el trompo no cae bailando, cede su turno.

El próximo jugador hace lo mismo hasta que alguien logre sacarlo del círculo. Logrado esto, el dueño del trompo se elimina del juego.

En cualquier momento en que algún jugador logre rajar el trompo que está plantado se acaba el juego y se declara campeón al que lo logró.

B- Combo

Los jugadores escogen un lugar hasta donde llevan los trompos dándole uno al otro. Luego de escoger los turnos, la mano le tira a uno de los que estén en el piso con el fin de moverlo hacia el sitio previamente escogido. Si le da, le sigue tirando. Si no lo logra, el otro jugador levanta su trompo y él tiene que colocar el suyo en ese lugar.

Continúa el juego hasta que uno de los trompos es llevado a la otra línea, en cuyo caso, el que logró llevarlo hasta allí gana el juego.

TROMPO DE COROZO

El trompo de corozo se baila utilizando para ello una cabulla y una trabilla (pedazo de madera en uno de cuyos extremos hay una perforación por donde cabe la púa del trompo).

Luego de encabullar el trompo, la púa se coloca en la perforación que hay en la trabilla, mientras se sostiene la cabulla en la mano. Con un movimiento rápido hacia atrás, el trompo cae bailando hacia el frente.

PERINOLA

Este juego consiste en una pieza de madera, redonda, de aproximadamente dos y media pulgadas de diámetro, en cuyo centro se le hace una perforación.

La púa consiste en una varilla de madera de aproximadamente tres pulgadas y media de longitud, uno de cuyos extremos es de punta roma. Esta varilla se hace pasar por la perforación que está en la pieza redonda de madera.

En la parte superior del disco de madera se dibujan numerales o letras que sustituyen numerales.

Una vez confeccionado, el juguete se sostiene verticalmente por el extremo cuya punta no es roma, de manera que se vean las letras o numerales. Se coloca la perinola entre los dedos pulgar e índice, y, con movimiento rápido hacia la derecha, se la hace girar.

Cuando la perinola cesa de moverse, se anota el numeral que aparece en la parte que quedó más lejos del piso. Los turnos se suceden alternadamente hasta que uno de los jugadores llegue a la cantidad de puntos que se había propuesto.

A veces acuerdan bailar la perinola cierta cantidad de veces cada jugador. Gana quien más puntos anota.

Si la perinola tiene letras le otorgan cierto valor numérico a cada letra y juegan como se ha descrito anteriormente.

LOS PALILLOS

Este juego consiste en arrojar un manojo de palillos de fósforo o movedores al piso o sobre una mesa. Luego el que los tiró deberá recogerlos uno a uno sin mover ningún otro además del que está recogiendo en ese momento.

Va colocando aparte los que recoge. Cuando mueva alguno, distinto del que está recogiendo, se interrumpe, y cuentan los que logró levantar. De esta manera va acumulando puntos hasta llegar a la cifra que se haya impuesto.

El primero que logre llegar a esta cifra gana el juego.

Si un jugador logra levantar todos los palillos en una sola tirada, gana el juego, aunque no haya llegado a la cantidad previamente fijada.

JUANITO SE MURIO

Los participantes forman un círculo, sin cogerse la mano, mirando hacia el centro.

Al empezar el juego, uno de los participantes enciende un fósforo y con la llama hacia arriba, se lo pasa al niño que le quede a su derecha diciéndole:

Juanito se murió.

El que acaba de recibir el fósforo encendido, mateniéndolo de la misma manera, le dice:

No se ha muerto na'.

Y se lo pasa al compañero que le queda a su derecha diciéndole:

Juanito se murió.

Este le dice:

No se ha muerto na'.

Y se sigue repitiendo la escena hasta que se apaga el fósforo o un participante lo deja caer.

Quien tenga el fósforo en ese momento pierde y se tiene que retirar del juego. Luego sigue otra ronda hasta que se queda un solo niño quien recibe el aplauso de sus compañeros.

A veces reciben un premio que puede ser una fruta o un juguete.

Otra versión tiene como final que al primer niño que permite que se apague el fósforo o lo deja caer, le dan piña.

El niño Carlos Labault informa que él y sus amigos lo juegan con una toalla enrollada. Le llaman *El pavo se murió.*

Pierde el jugador que tenga la toalla cuando ésta esté flácida.

LOS MONTONES

Colocan en montones la misma cantidad de objetos que puedan llevar sobre sus cabezas. A una distancia aproximada de diez yardas se coloca la misma cantidad de sillas o figuras geométricas dibujadas en el piso.

Cada participante se coloca detrás de un montón de objetos. A una señal dada, llevan los objetos, uno a uno, hacia la silla o figura geométrica que le corresponde al final de una línea recta imaginaria. Van y vienen caminando rápidamente, sin correr, con cada objeto sobre sus cabezas. El primero que logre llevar todos los objetos de un lado a otro gana el juego.

Si el objeto se le cae, tiene que detenerse, volver a colocarlo sobre su cabeza y seguir hacia la meta.

En otra versión del juego, tienen que volver a llevar los objetos, uno a uno, a su lugar original.

RELEVO DE PALOS

Se colocan en dos filas, uno detrás de otro, con igual número de participantes en cada fila. El primer jugador de cada fila tendrá un palo de aproximadamente tres pies en su mano. Frente a ellos, a una distancia aproximada de cinco o seis yardas habrá una base que puede ser un árbol, una columna o una pared.

Cerca de las filas hay un líder que no pertenece a ninguna de ellas. Este participante grita:

—¿Listos? ¡Fuera!

El que encabeza cada fila corre hacia la base, la toca y regresa a su fila. Pasa su palo rápidamente por debajo de cada uno de sus compañeros que brincan para dejar pasar el palo. Al llegar al final, se coloca en la fila y le da el palo al jugador que le queda al frente. Este procede a pasarlo hacia el del frente hasta que llega al primer jugador de la fila.

Al llegar el palo al jugador que encabeza la fila se repite la acción hasta que todos hayan hecho lo mismo.

Gana el grupo cuyos componentes se adelanten en ocupar sus posiciones originales.

CHAPAS Y BOTONES

Se colocan cuatro o cinco chapas[57] boca abajo sobre una superficie plana. En medio de ellas y a la vista de todos, sitúan un botón plano.

El líder coloca sus manos sobre las chapas y las mueve rápidamente. En uno de esos movimientos, con disimulo, esconde el botón debajo de alguna de las chapas sin dejar de moverlas.

Cuando deja de mover las chapas, quita las manos. Proceden a adivinar, por turno, dónde está el botón.

El que adivine pasa a ser el líder.

TIRAR DE LA SOGA

Los jugadores trazan una línea recta en el suelo. A ambos lados de ésta se coloca igual número de jugadores. Agarran una soga que tenga longitudes iguales a ambos lados de la raya.

A la voz de:

> ¿Preparados?
> ¿Listos?...... Ya.....

Cada grupo tira de la soga hacia su lado.

Gana el equipo que logre arrastrar hacia su territorio a los participantes del equipo contrario.

---

57. tapas de botellas

YACS

La doctora María Cadilla describe los yacs como piezas a modo de cruces dobles, pequeñas, griegas, de hierro. Hoy día también los hay hechos de plásticos, y, faltando éstas, los niños juegan con chinos del río, coralillos o con un conjunto de piedras pequeñas. El juego se acompaña de una pequeña bola de goma.

Para sortear los turnos, cada niña coge las piezas en un puño, las lanza hacia arriba y al caer, las recoge en el dorso de su mano. Quien logre recoger el mayor número de yacs de esta manera, será la primera que jugará y así sucesivamente.

A veces, le dan el primer turno a la dueña de los yacs y sortean los demás. En algunas ocasiones juega primero la niña en cuya casa juegan.

YACS BASICO

El participante coge todas las piezas en un puño y las arroja sobre el área del juego. Tira la bola hacia arriba y recoge una pieza del piso. Con la misma mano que recogió tiene que recibir la bola, dejándola rebotar en el piso una sola vez.

Repite la acción y va colocando las piezas aparte hasta que las haya levantado todas.

Tira todas las piezas al piso y las recoge siguiendo el mismo patrón. Repite la acción tres veces.

Luego hace lo mismo pero cogiendo dos yacs cada vez.

Después va recogiendo tres cada vez que tira la bola al aire. Esta vez, y todas las veces que sean nones, en la última recogida levanta todas las piezas del piso, Ejemplo: 3, 3, 3, y 1.

De esta manera será cada recogida si se juega con diez yacs:
 2, 2, 2, 2, y 2.
 3, 3, 3, y 1.
 4, 4, y 2.
 5 y 5.
 6 y 4.
 7 y 3.
 8 y 2.
 9 y 1.

Al tener que recoger diez, ha de hacerlo recogiendo todas las piezas tres veces. Generalmente dice: "Voy de recogida".

FONY-UNO

Empieza recogiendo, en la primera tirada, todas las piezas menos una. Arroja la bola al aire por segunda vez y, antes que descienda al piso, recoge todas las piezas menos la que ya había sido dejada allí en la primera ronda y una más. Recibe la bola en el aire, y sigue arrojando las piezas y recogiendo todas menos una y las otras que se habían dejado previamente.

Así que las tiradas y recogidas serán de esta manera:

Tira	Recoge
10 piezas	9 piezas
9 piezas	8 piezas
8 piezas	7 piezas
7 piezas	6 piezas
6 piezas	5 piezas
5 piezas	4 piezas
4 piezas	3 piezas
3 piezas	2 piezas
2 piezas	1 pieza
1 pieza	las recoge todas tres veces.

Si pierde, cuando le toque otra vez tiene que empezar tirando diez y recogiendo nueve. Esto hasta que logre todas las jugadas descritas anteriormente.

A este juego le siguen las variantes:

Fony dos,

Tira	Recoge
10 piezas	8 piezas
8 piezas	6 piezas
6 piezas	4 piezas
4 piezas	2 piezas
2 piezas	3 recogidas completas

Fony tres

Tira	Recoge
10 piezas	7 piezas
7 piezas	4 piezas
4 piezas	1 pieza
1 pieza	3 recogidas completas

Fony cuatro
Tira
    10 piezas
    6 piezas
    2 piezas

Recoge
6 piezas
2 piezas
3 recogidas completas

Fony cinco
Tira
    10 piezas
    5 piezas

Recoge
5 piezas
3 recogidas completas

Fony seis
Tira
    10 piezas
    4 piezas

Recoge
4 piezas
3 recogidas completas

Fony siete
Tira
    10 piezas
    3 piezas

Recoge
3 piezas
3 recogidas completas

Fony ocho
Tira
    10 piezas
    2 piezas

Recoge
2 piezas
3 recogidas completas

Fony nueve
Tira
    10 piezas
    1 pieza

Recoge
1 pieza
3 recogidas completas

Hace cuatro recogidas.

EL PUENTE O LA CUEVITA

La participante forma un "puente" con los dedos pulgar e índice de su mano izquierda, la cual colocará sobre el piso del área de juego.

Por ese puente ha de hacer pasar las piezas una a una hasta haber pasado las diez. Siempre tirando la bola al aire y recogiéndola luego de haber hecho pasar la pieza por el puente.

Cuando ya están las diez, da tres recogidas.

Le sigue Puente número 2, Puente número 3, Puente número 4. El número indica la cantidad de piezas que se arrojan a través del puente en cada ocasión. (Sigue rigiendo la norma de los "Fony").

Al final de cada Puente da tres recogidas completas.

BESITO

Tirar la bola. Recoger el yacs y besarlo. Coger la bola y colocar el yacs en cualquier lugar.

Primero de uno en uno, luego de dos en dos, y así sucesivamente.

LA CASITA

La participante forma una "casita" con su mano izquierda. Para lograrlo, coloca sus dedos pulgar y meñique sobre la superficie. Los demás dedos unidos forman una casita.

Tira la bola hacia arriba, arroja una pieza dentro de la casita y recoge la bola en el aire después de haber rebotado en el piso una sola vez.

Cuando tiene las diez piezas adentro, hace una recogida con la mano derecha.

Le siguen a este juego, sus variantes: Casita dos, en que se van tirando las piezas de dos en dos dentro de la casita. Después: Casita tres, Casita cuatro, etc., Casita diez.

En cada casita, luego de tener diez adentro, recoge una sola vez con la mano derecha.

CANASTA

La participante coloca su brazo izquierdo, en el aire, a la altura de su pecho formando un hueco o canasta con la palma de la mano del mismo hacia arriba. Va echando ahí las piezas una a una y procediendo como con La Casita.

Luego tira todas las piezas al piso. Lanza la bola al aire, recoge todas las piezas con la mano derecha. Recoge la bola, luego que ésta ha dado en el piso una vez.

También tiene variantes del uno al diez.

LA CHANCLETA

Se juega igual que el Yacs Básico; pero, para recoger el o los *jacks*, según sea el caso, la niña hará rozar la parte inferior de la palma de su mano sobre el piso hasta la pieza que vaya a recoger.

Existen también Chancleta dos, Chancleta tres, hasta Chancleta diez, en la cual hará tres recogidas.

Versión número 2 de La Chancleta

Tira las piezas, lanza la bola al aire. Recoge el o los yacs, toca el talón de uno de sus pies con esa misma mano.

En cada ocasión recoge la bola antes que la misma toque el piso.

Rigen las siguientes reglas generales sobre los juegos de yacs:

1. Si, al tratar de levantar alguna pieza se mueve con la mano otra de las que hay en el piso y alguien dice: "ménie" o "meneito", se tiene que ceder el turno al que sigue.

2. Si en cualquier ocasión cae un yacs entrelazado a otro y nadie dice "kin", se puede seguir jugando. Si alguien lo dice, hay que ceder el turno al siguiente jugador.

Algunos informantes dicen que si el que está jugando dice "kin" antes que otro lo diga, sigue jugando. Otros informantes alegan que debe permanecer en silencio, y tratar de recogerlo lo antes posible, antes de que se den cuenta los demás participantes, porque, en cualquier momento que alguien diga "kin", el que está activo en ese momento tiene que ceder su turno al próximo participante.

3. Si recoge más o menos cantidad de piezas de las que tiene que recoger en esa oportunidad, también tiene que ceder el turno.

4. Siempre tiene que recoger la bola con una sola mano en el aire.

5. Una vez dejada una pieza en el piso, ésta no puede ser levantada hasta la jugada llamada "recogida".

LA BURRA

Este juego me fue informado por personas mayores de sesenta años. Dicen que es juego de Semana Santa.

El juguete consiste en clavar un pedazo de madera fuertemente en tierra. Sobre ese pedazo de madera se sujeta, por el centro, un tornillo muy fuerte, otro madero horizontal como de seis pies de largo. Luego se coloca un jugador a cada extremo y se impulsa con sus pies para dar vueltas.

Gana el jugador que más resista dar vueltas sin cansarse.

Informantes: Víctor Manuel Morales, 87 años; Miguel Ruiz, 64 años; y Brunilda Rodríguez, 65 años, todos de Bayamón.

AL TIRA Y AFLOJA

Todos los participantes, menos uno, despliegan un pedazo de tela que sujetan en el aire con sus manos. El otro participante se coloca frente a los demás, sin tocar el paño, y empiezan todos a decir:

> *Al tira y afloja*
> *perdí mi caudal.*
> *Al tira y afloja*
> *lo volví a jugar.*

Cada uno de los jugadores que sujetan el paño tiene que hacer lo contrario de lo que dice la copla, so pena de pagar prenda al participante que está frente a ellos.

El castigo que tiene que cumplir para poder recuperar su prenda se le impone inmediatamente. Luego de cumplir su castigo, se reintegra al grupo.

El juego termina cuando todos han tenido que pagar prenda.

LIBRE EL PALO
(ESCONDER)

Escogen un lugar donde colocar un pedazo de madera. Uno de los jugadores tira el pedazo de madera lo más lejos que pueda. Mientras él va a recogerlo, los demás jugadores se esconden en distintos lugares. El niño regresa con el palo. Lo coloca en el sitio que acordaron. Procede a buscar a sus compañeros de juego. Cada vez que logra ver a uno, va hacia el palo, lo toca, y dice:

> *Toco el palo y veo a* _____
> (Nombre del niño que él vio).

Si lo han convenido así, salen todos de sus escondites. El que fue visto, se convierte en líder.

A veces, quien fue a buscar el palo, sigue buscando a todos los jugadores. Cada vez que vea a uno, tiene que repetir la acción.

En cualquiera de las dos versiones, en el momento en que cualquiera de los otros niños que él no ha visto logra llegar al palo antes que él, lo toca y grita: "Libre el palo", los que están escondidos salen de sus escondites.

El que libró el palo, lo tira, luego que haya salido todo el mundo, y sigue jugando.

En la versión ofrecida por Ramón Dorta, de Hatillo, se escoge una base: un árbol, un dron, una roca, Algo "fijo".

Luego de haber determinado quien va a buscar el palo, éste es lanzado bastante lejos de la base por uno de los jugadores que se va a esconder. Inmediatamente todos salen a esconderse. Al que le toque buscar el palo, lo recoge y va con él directamente a la base. Golpeando fuertemente con el palo en la base exclama: "Toco el palo y llego a base". Aún con el palo en la mano sale a buscar a los demás, alejándose de la base.

Cuando ve a algún jugador, corre hacia la base, da con el palo en ella y exclama: "Toco palo y veo a _____". Si el jugador visto o cualquiera otro llega antes que él a la base, dice: "Libre". El que tiene el palo procede a seguir buscando los demás.

Cuando ya todos han salido por haber sido vistos o por haber librado la base, el que primero fue visto sale a buscar el palo.

Si todos libraron la base le toca ir a buscar el palo nuevamente al que anteriormente buscó a los demás.

CANICAS

Las canicas son bolitas macizas de cristal de distintos tamaños y colores. Se conocen con varios nombres en distintos municipios de Puerto Rico: chinos en Bayamón, cocoses en San Sebastián, velluditas en Ciales, bolitas de teste en Yabucoa, bolitas de corote en Ponce y salvajes en Barranquitas.

En el municipio de Lajas llaman calcamán a las canicas rotas, bolitas de cristal a las que tienen un solo color y líricas a las que tienen muchos colores. (Información recogida por vía telefónica con Don Jacobo Morales, padre, el 20 de febrero de 1981).

Generalmente, las canicas de mayor tamaño se llaman bolones. En el municipio de Vega Baja se llaman rolondrón a la canica grande. Informante: Federico Cruz, 40 años, de Vega Baja.

Para mover las canicas sobre el suelo, el jugador coloca su dedo índice encorvado detrás de ella. Sobre él coloca su dedo pulgar e impulsa este último con fuerza hacia el frente para golpear la canica.

Este juego tiene un vocabulario muy especial. A la canica que usan para golpear a las demás le llaman pique. De las que están en el piso se dice que están plantadas. Cuando la canica se detiene sobre una raya se dice que se quemó o que picó la raya. Golpear un pique contra otro pique es guiñar, darle choque, yeco o guilín, dar pirulí.

Para medir las distancias en el juego de las canicas se emplea la cuarta o langa que es la distancia que se da entre el dedo pulgar y el dedo meñique de la mano extendida.

Reglas que rigen el juego de las canicas:

1. Todas las canicas que se plantan tienen que ser del mismo tamaño.
2. Una vez elegido el pique no puede cambiarse.
3. El pique no se levanta del suelo.
4. Si un pique le da a otro pique, se lo gana, y el dueño del pique golpeado, sale del juego.
5. Si un pique cae a cuarta de otro pique se gana la cantidad de canicas que hayan acordado previamente.
6. Si un pique cae en la raya, se quema o es primero, según se haya acordado antes de empezar el juego.

TIRAITO O GLOBITO

Los participantes trazan dos líneas paralelas a una distancia previamente acordada. Sobre una de ellas, coloca cada uno igual cantidad de chinos del mismo tamaño.

El primer participante se coloca inmediatamente detrás de la otra raya y desde allí arroja su pique con el objeto de mover de la raya uno o varios de los chinos que están plantados. Si lo logra, recoge los chinos que movió y sigue tirando con su pique, sin moverlo del piso, hacia la raya donde están los demás chinos.

Cuando no logre sacar alguno, cede su turno, pero deja su pique en el piso.

Si en alguna ocasión su pique cae en la raya, se quema, recoge el pique y sale del juego.

El próximo jugador lanza su chino desde la línea de tirada y efectúa la misma acción que su anterior compañero. Si al tirar el pique, éste queda a distancia de una cuarta del pique de su compañero, se gana un chino de los que estén en la raya y sigue tirando. Informante: Juan B. Sáez, 43 años de Bayamón.

EL CALDERO

Los participantes trazan en el suelo una elipse con eje central. A lo largo de ese eje cada participante coloca igual número de chinos. A una distancia aproximada de dos yardas y media trazan una línea recta horizontal paralela al rayuelo, como se llama la figura que hay dibujada en el suelo.

Para sortear los turnos se colocan detrás del caldero y desde allí arrojan sus piques hacia la línea. El orden de proximidad a la línea será el que han de seguir para tirar al caldero. En caso de empate, los dos empatados vuelven a tirar.

El primer jugador se coloca detrás de la línea y desde allí arroja su pique hacia el rayuelo con el propósito de sacar los chinos que están en la raya. Si lo logra, todos los que saque son de él. Sigue tirando hacia el objetivo sin levantar su pique.

Si un pique cae dentro del rayuelo o en sus bordes, se quema y cede su turno. El Sr. Roberto Tejera, de Bayamón, dice que cuando el pique cae picando la línea central del caldero, el jugador se elimina y se lleva el pique. Cuando el pique cae picando la raya de los bordes, desde allí ese jugador mide dos langas y mueve su pique a donde quede la última langa y cede su turno.

LA PIEDRA
(TAO Y CUARTA O LA CUARTA AL SETO)

Escogen una pared lisa hacia donde han de tirar sus chinos. Acuerdan la cantidad de chinos que van a jugar.

El primer jugador tira un chino contra la pared y lo deja caer libremente. Así sucesivamente harán todos los demás jugadores en esta primera ronda en la cual ni se gana ni se pierde.

En la segunda ronda y en las subsiguientes cada jugador tira con un chino distinto.

El jugador número uno tira su chino contra la misma pared en el mismo sitio. Si al caer choca contra uno de los que están en el piso, se gana cualquiera de los que están plantados. Generalmente lo coge de los que están cerca de la pared porque a estos es menos fácil chocarlos. Sigue tirando contra la pared hasta que su chino al caer no le dé a ninguno de los que están en el piso. Cede su turno al próximo jugador.

También se puede jugar con piedrecitas.

Cuando ya ha jugado cada uno la cantidad de chinos que habían convenido, al que le toca jugar recoge cualquiera de los chinos que hay en el piso y prosigue el juego, siempre de la misma manera.

Si solamente juegan dos niños, el primero que logre darle al del compañero, gana el juego.

CHOLI-CUARTA O
YECO Y CUARTA

Se juega igual que La Piedra, pero, si, en alguna ocasión el chino que acaba de ser tirado contra la pared, al quedarse quieto luego de caer al piso, queda a una distancia de una cuarta de alguno de los que estaban plantados, el jugador que tiró contra la pared se gana el chino que ya estaba en el piso.

Si además de quedar a una cuarta del que estaba plantado le da al cholín,[58] el dueño del chino tocado tiene que darle un chino extra, o puede el que le dio al cholín cogerlo de los que hay en el piso, según hayan acordado.

Se le llama también La Cuarta 'el Seto'.

LA PILA

Cada jugador coloca cuatro chinos en el piso, dispuestos de la siguiente manera; tres en el piso formando un triángulo como base de uno que ha de ser colocado sobre ellos, en el espacio que forman las uniones de los tres.

Cada jugador se coloca detrás de su pila, nombre que le dan a la formación de chinos descrita anteriormente. Desde allí arroja su pique hacia una raya recta, paralela a las pilas, que quedará a una distancia previamente convenida. Los turnos serán según la proximidad a la raya. El dueño del pique que quede más cerca a la raya será la mano y así sucesivamente.

Si el pique cae en la raya, se quema y tiene que salir del juego llevándose su pique pero dejando su pila en el piso. Si quedan tabla[59] regresan a la raya y tiran nuevamente.

Luego de dispuestos los turnos, el primero tira desde la línea recta a cualquiera de las pilas para romperla. Si lo logra, coge todos esos chinos para él. Levanta su pique y desde ese mismo lugar tira a ver si rompe otra pila, sigue tirando y cogiendo los chinos para él cada vez que logre romper una pila. Cuando tira y falla, cede su turno al próximo jugador.

Cada participante tirará, por primera vez, desde la línea recta. Luego lo hará desde aquel sitio donde esté su pique.

También en este juego, si así lo han decidido, cuenta el leco y la cuarta, ganándose una pila completa o la cantidad de chinos que previamente hayan acordado. En muchas ocasiones deciden no levantar las pilas del piso si sucede leco y/o cuarta y que el dueño del pique al que le dieron pague con chinos de su bolsillo.

---

58. chocar un chino contra otro

59. empate

HIPODROMO

Para jugar al Hipódromo confeccionan éste con un pedazo de madera en forma de triángulo isóceles cuya base tendrá de cinco a seis pulgadas y sus laterales de diez a quince pies. Tendrá barandas a los lados pero no así en la base.

El ápice o punta donde se van a encontrar las dos barandas estará abierto de manera que por ahí quepa solamente un chino.

Colocan la pista, así confeccionada, inclinada con su base hacia la parte más alta. Sitúan todos un chino en la base, y, a una señal convenida los dejan deslizar libremente por la pista. El dueño del que pase por el hueco se gana los demás chinos.

Este juego lo jugaban además con matos o peronías.

Casi siempre hay un "comentarista" que narra la carrera. Los dueños le ponen nombre a sus chinos convertidos en caballos.

BOLOS

Luego de colocar varias latas una al lado de la otra, preferiblemente en un lugar alto, sortean los turnos.

El primer jugador le tira con una piedra a las latas con el objeto de tumbar alguna. Si lo logra, anota un punto por cada lata tumbada. Sigue tirando hasta que yerra el tiro, en cuyo caso, cede el turno al próximo jugador.

Gana el juego quien más latas logre tumbar.

En algunas ocasiones, juegan con el propósito de alcanzar cierta cantidad de puntos. Juegan de la misma manera hasta que uno de los jugadores logra anotar los puntos que han acordado.

ZARABANDA

Los niños dibujan figuras grotescas en higüeras. Luego de perforadas, les colocan una vela encendida dentro. Las cuelgan de los árboles en noches oscuras y se divierten viendo a la gente huir ante el espectáculo.

LA PEREGRINA

Dibujan una peregrina en el suelo. Esta consiste en unos cuadros (Véase dibujo en la próxima página) numerados del 1 al 10. Los niños que van a jugar echan a suerte el orden de jugada.

El primer jugador se para frente al cajón que tiene el número uno y hacia allí tira una piedrecita, un botón, un pedacito de madera o cualquier objeto previamente acordado. Ese será su marcador.

Luego brinca por encima del cuadro en que cayó el marcador para apoyar sus pies en los numerales 2 y 3. Observará siempre la regla de pisar solamente los cuadrados que no contengan marcador alguno.

Ya en el espacio número diez brinca sobre el mismo pie, dando media vuelta, y repite la acción a la inversa. Al llegar a los espacios dos y tres, recoge el marcador del espacio número uno y salta sobre él sin tocarlo.

Si lo toca, aunque sea en la raya, pierde.

Vuelve y tira. Esta vez al número dos. Hará lo mismo que hizo anteriormente, pero sin tocar el espacio número dos. De manera que saltará, en un solo pie, los espacios uno, tres y cuatro; pero ya en el cinco y seis podrá poner en tierra los dos pies a la vez.

(Tenemos pues que los espacios dos y tres, cinco y seis, ocho y nueve son descansos para los jugadores, a menos que uno de ellos esté ocupado por el marcador).

Al regresar, tocará todos los espacios, menos el dos y así sucesivamente hasta terminar el juego con los distintos espacios en viaje de ida y vuelta.

Pierde su turno si toca el espacio donde está el marcador, incluyendo las rayas que limitan éste o si tira el marcador en un espacio erróneo o si el marcador cae fuera de la peregrina. Si en algún momento comete uno de los errores expuestos anteriormente, tiene que ceder su turno.

Cuando vuelva a tocarle su turno, empieza por el número uno.

El primer jugador que complete el peregrinaje o viaje de ida y vuelta según hemos descrito, gana el juego.

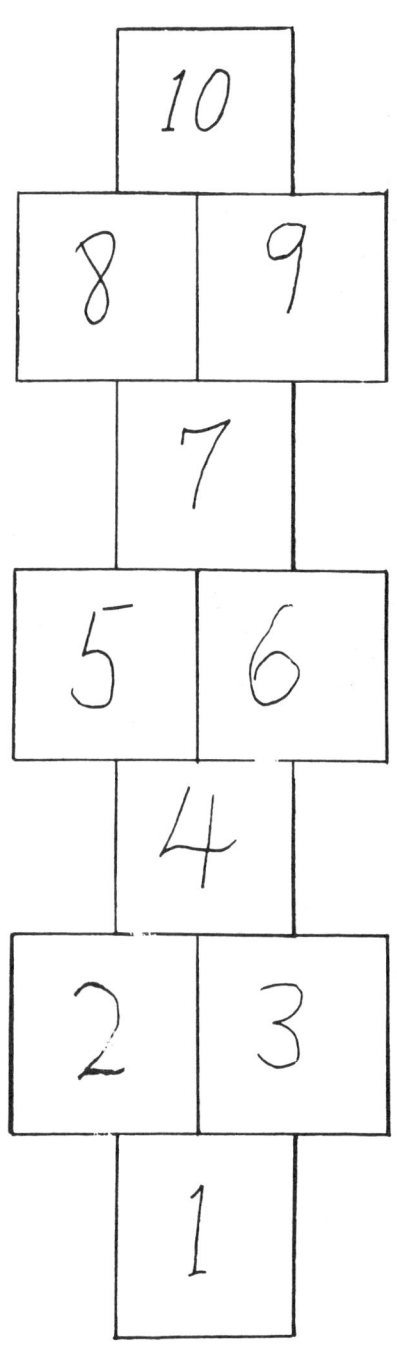

EL CARACOL

Este juego es una variante del juego de la Peregrina. En el suelo se dibuja un caracol. (Véase dibujo en la siguiente página).

En este juego solamente descansan los dos pies en el último espacio, o sea, en el número 10 que es el espacio de descanso. A todos los demás espacios se salta brincando sobre un solo pie mientras que el pie que no se usa se tendrá aguantado con una mano. Si pierde el equilibrio en la travesía, o toca una línea, el jugador pierde y espera el próximo turno.

Las demás reglas son iguales a las de la Peregrina.

LA TABLITA

Los participantes colocan diagonalmente una tabla de aproximadamente tres pulgadas de ancho por seis pulgadas de largo. De la mitad para abajo de la tabla cada participante coloca igual cantidad de monedas o chapas todas con cara o todas con cruz hacia arriba.

El primer participante da con la mano a la tabla por la parte que queda elevada. Todas las monedas que, al caer, queden del lado contrario al que tenían cuando fueron puestas en la tablita, son para él.

Vuelven a colocar sobre la tabla las monedas que quedaron en el piso. Siempre tienen que colocarlas todas con cara o todas con cruz hacia arriba.

Se repite la acción con todos los participantes por turno hasta que no quede ni una moneda en la tablita.

En algunos lugares este juego se conoce como Cara o Cruz.

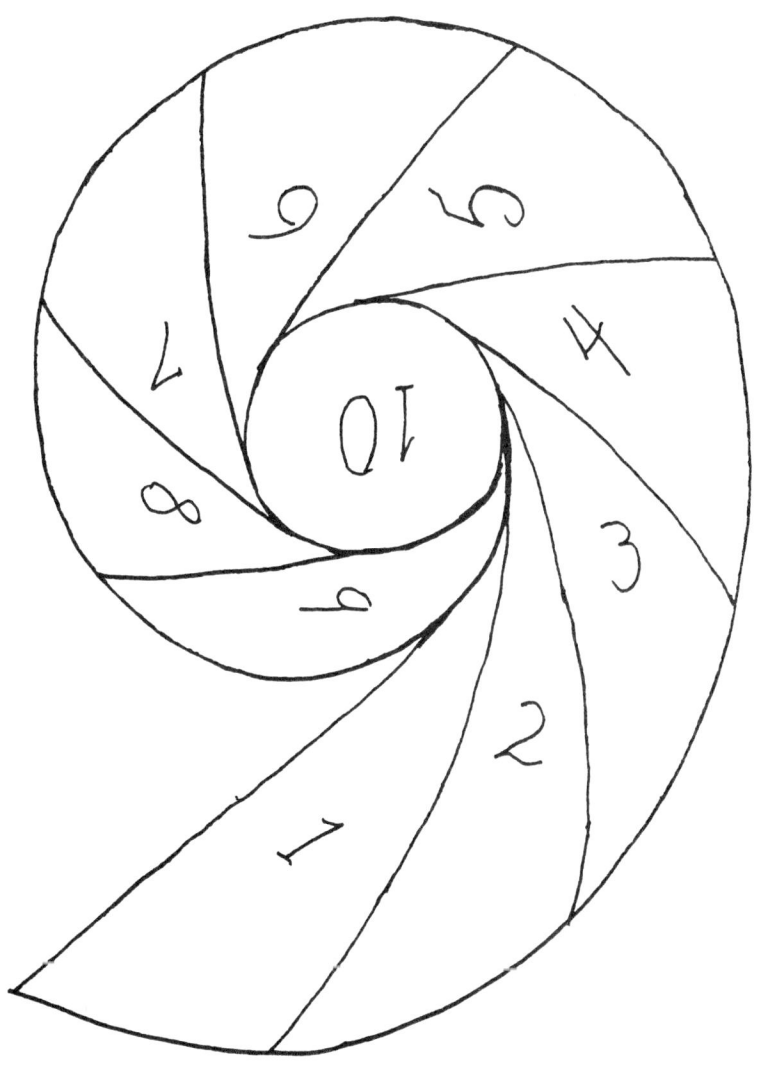

BRINCA LA TABLITA

Los participantes colocan en el piso una tabla de aproximadamente cinco pies de largo y de ocho a doce pulgadas de ancho. Luego de sortear los turnos, se colocan en fila uno detrás del otro a un extremo de la tabla o en cualquier posición a ambos lados de la tabla. No pueden interferir con el que va a brincar la tablita.

Cada participante, a su debido turno, brinca alternando sus pies a ambos lados de la tablita. Al llegar al otro extremo, brinca y da media vuelta en el aire de manera que caiga parado sobre un pie y quede mirando hacia la dirección en que venía. Se brinca al ritmo de la siguiente canción:

> *Brinca la tablita*
> *que yo la brinqué.*
> *Bríncala tú ahora*
> *que yo me cansé.*
> *Dos y dos son cuatro,*
> *cuatro y dos son seis.*
> *Seis y dos son ocho*
> *y ocho dieciséis,*
> *y ocho veinticuatro*
> *y ocho treintidós*
> *y diez que le sumo*
> *son cuarentidós.*

Generalmente aceleran la canción para lograr que el que está brincando pierda el equilibrio. Si esto sucede, otro participante lo reemplaza.

YO-YO

Es un juguete formado por dos discos unidos por un eje, en el que se sujeta y se enrolla un cordón cuyo extremo lo sujeta y manipula la persona que lo juega.

Con el extremo del cordón debidamente asido a un dedo, se deja caer el yoyo libremente, el cordón se desenrolla.

Al llegar al extremo del cordel se produce una inversión de movimiento y el yoyo sube nuevamente.

EL CERITO

Este juego generalmente lo juegan dos participantes, aunque pueden tomar parte más niños. Sobre un pedazo de papel o pizarra dibujan una serie de puntos en línea recta y equidistantes.

Cada participante, alternadamente, une dos puntos con una línea recta. Cuando uno de los jugadores logra terminar un cuadro, coloca su inicial dentro del mismo. Prosiguen hasta que todos los puntos han sido unidos y las iniciales colocadas en su lugar.

Cuentan las iniciales y el que haya logrado terminar más cuadros, gana el juego.

¡PARE!

Los participantes trazan en un papel tantas divisiones con rayas verticales como hayan acordado entre todos los miembros del grupo. La columna de la izquierda será encabezada por la palabra "letras". La columna de la extrema derecha será encabezada por la palabra "total". Cada una de las demás columnas tendrá como encabezamiento un nombre común que acuerden entre todos.

Letras	Países	Flores	Animales	Capitales	Municipios de P.R.	Total

El participante que fue seleccionado para comenzar el juego dice una letra. Luego que cada participante escribe esa letra debajo de la columna a la izquierda, procederá a escribir una palabra que empiece con esa misma letra debajo de cada una de las columnas excepto aquella encabezada por la palabra total.

Inmediatamente que alguien dice "ya", todos dejan de escribir. Cada participante lee las palabras que ha escrito. Se le adjudican diez puntos por cada palabra que solamente él haya escrito. Si algún otro participante escribió la misma palabra, solamente anotan cinco puntos cada uno. Cada cual anota los puntos obtenidos por él en la columna encabezada por la palabra "total".

Si tiene alguna palabra mal clasificada, no anota puntos.

La segunda persona escogida dice cualquier letra del abecedario y continúa el juego siempre de la misma manera.

Al finalizar el juego cada participante suma los totales. Gana el que más puntos haya acumulado.

En caso de empate, escogen a uno de los participantes que no quedaron empatados, el cual dirá una letra para proceder de la misma manera y buscar el desempate.

La niña Aitza Estrada, de trece años, nos ofreció otra versión de este juego.

Luego de sorteados los turnos y de haber hecho las divisiones en el papel, al que le toque el primer turno dice:

   —Uno, dos y tres
   (empieza a decir el abecedario mentalmente)

De momento, cualquiera de los participantes dice:

   —¡Pare!

El que estaba repasando el abecedario mentalmente dice la letra en la cual se detuvo.

Todos escriben la letra debajo de la columna correspondiente y proceden como en la primera versión descrita anteriormente.

BILLALDA

La billalda es un pedazo de madera de una longitud aproximada de cinco pulgadas y puntiagudo en ambos extremos. También puede terminar en extremos cortados diagonalmente de manera que forme un paralelogramo.

Para jugar con ella, se utiliza otro pedazo de palo, de aproximadamente doce pulgadas de largo, que recibe el nombre de mazo o maceta.

Luego de sorteados los turnos, dibujan un círculo en el piso, en el centro del cual colocan la billalda. Deciden cuántos tantos quieren anotar.

El primer jugador golpea la billalda por uno de sus extremos para elevarla del suelo. Cuando está en el aire, el jugador la vuelve a golpear con el mismo palo, con el propósito de tirarla aún más lejos.

Si no le da en el aire o si se le cae la maceta tiene que ceder el turno al próximo jugador.

La billalda tiene que dejarse caer libremente. Cuando se quede quieta en el piso, quien la golpeó dice qué distancia hay entre el círculo, desde donde salió la billalda, y el sitio donde cayó. Puede estimarse en yardas o pies según se haya acordado previamente.

Si el que está jugando con él acepta el estimado, anota los puntos que ha dicho.

Si por el contrario el otro jugador no acepta el estimado, miden. El otro jugador puede medir con trancos (coloca sus pies uno frente al otro y camina contando sus pasos) o mide con la maceta. Siempre lo hace desde el borde del círculo hasta donde se detuvo finalmente la billalda.

Anota solamente la distancia real que hay. Puede haber un margen de error en la apreciación de una yarda o un pie menos, pero no más.

El jugador puede volver a llevar la billalda al círculo o puede allí mismo hacer otro círculo y repetir la acción. Sigue haciendo lo mismo hasta que falle al tirarle a pegar a la billalda (lo mismo en el piso que en el aire) o se le zafe la maceta.

Gana quien primero logre acumular la cantidad de puntos que habían acordado.

Cuando la billalda se juega entre equipos de muchachos, aquel a quien le toca golpearla, lo hace desde el medio del círculo. Si alguien del otro equipo la captura en el aire, el que le pegó a la billalda se elimina.

Si cae al piso antes de que alguien la capture, uno de los contrarios la recoge, da tres brincos hacia el círculo, y desde allí, tira hacia el círculo, donde el otro jugador ha colocado la maceta. Si logra darle a la maceta, le toca el próximo turno a su equipo.

Si no logra darle, el jugador que la había golpeado anteriormente vuelve a colocar la billalda en el círculo y continúa como lo hizo anteriormente.

Cuando se juega en equipos, la billalda puede ser detenida con los pies por los jugadores contrarios.

COLGATE
(EL AHORCAITO, LA HORCA)

Este juego se lleva a cabo ante una pizarra o cualquier superficie en que se pueda escribir.

El primer participante piensa una palabra que puede escribir en un papel para ganar confiabilidad. Luego traza en la pizarra o en un papel tantas líneas como letras tenga la palabra escogida.

Los demás participantes tratan de adivinar, por turno, las letras que componen la palabra. Cada vez que alguien acierta una letra, se escribe sobre la línea que le corresponde en la palabra.

Ejemplo:
Palabra: armario

Primer participante:
La letra "r"

Quien está frente a la pizarra escribe:

_ r _ _ _ r _ _

y así sucesivamente.

Cuando alguien dice una letra que no forma parte de la palabra escogida, el líder dibuja un árbol. Luego, cada vez que alguien falle en decir una de las letras, dibuja una parte distinta de la figura de un ser humano.

Cuando alguien dice saber la palabra, se le da la oportunidad de decirla. Si logra adivinar la palabra pasa a ser el líder. Si no acierta, prosigue el juego, dándole la oportunidad a quien le tocaba el turno antes de la interrupción, y el líder dibuja otra parte de la figura humana.

Cuando se ha completado la figura del ahorcado, se coloca debajo de ella, el nombre del último niño que falló.

Algunas reglas que suelen regir este juego son:

1. No escribir, al empezar, ninguna letra.
2. Escribir la primera o la última letra o ambas.
3. Escribir la letra una a una aunque la misma aparezca más de una vez en la palabra.

CONVENTOS Y FLORES

Los jugadores se colocan frente a su líder quien les dice:

— *Conventos y flores,*
flores y conventos,
que vayan y vengan
y no se detengan
y _____ (da una orden)

La orden puede ser que le traigan un objeto o que ejecuten alguna acción. El primero que lo haga, pasa a ser quien da la orden en el próximo juego.

Las órdenes han de ser específicas y que todos los participantes puedan ejecutar.

JUEGOS CON BOLAS

Para sortear los turnos los dueños de ambos equipos se colocan frente a frente. Uno de ellos tira el palo o bate al aire con su mano derecha. Aún en el aire, el otro jugador agarra el bate con cualquier mano para no dejarlo caer. Sin mover la mano de ahí, permite que el niño que tiró el palo coloque una de sus manos inmediatamente más arriba de la de él. Siguen hacia el extremo del palo que haya quedado hacia arriba alternando sus manos.

El que ponga su mano en el extremo máximo superior sin tocar ni sobresalir del borde será quien primero "pida" (escoja) miembros para su equipo. Dicen que ese "se montó".

Si ha quedado un pedacito del palo al descubierto se dice que el palo "dio tirijilla o corona". En este caso, el niño que no está sosteniendo el palo le da con una piedra con el propósito de tumbárselo al que lo tiene. El niño que está sosteniendo el bate se puede rendir si sabe que al darle con la piedra sobre el borde superior quedará su mano pillada.

También puede, el que no tiene el palo, pasar una pajita dura, un lápiz o el borde de una moneda alrededor de la parte que quedó al descubierto. Si no logra tocar, de esta manera, la mano del otro niño, el niño que tiene el palo en la mano "pide" los miembros de su equipo.

Si el último que colocó su mano llega a la parte superior sin que quede parte del palo o bate a la vista se dice que "llegó corona". El que "llegó corona" sigue sosteniendo el bate y el otro niño podrá tirarle tres patadas al bate, fuertemente, con cualquier pierna. Esto, con el propósito de tumbárselo de la mano.

Si lo consigue, él se convierte en "mano" y será quien empieza a escoger.

Si no lo logra en tres intentos, el otro niño escoge a los suyos.

Si, antes de tirar el palo al aire, acuerdan que sea "sin tirijilla y sin corona", empieza a escoger el último que ponga su mano alrededor del bate al llegar a la parte que quedó hacia arriba.

Puede ser que, al agarrar el bate en el aire, no sobre espacio para que el compañero pueda, aunque sea una sola vez, "montar", esto es, poner también su mano. Entonces hay que "echarla" otra vez o quien lo agarre tiene que bajar su mano hasta el otro extremo del bate.

Ya escogidos los miembros de cada equipo, nueve en cada uno, el líder, o "dueño" del equipo asigna los puestos. Estos son:

    a. (pícher o lanzador) "pitcher"

b. (cácher o receptor) "catcher"
   c. (files) "fielders"
      1. (derecha) rei o raifil
      2. (izquierda) lefil
      3. (del medio) centro fil
   ch. bases (primera, segunda, tercera y jom (home))
Los dueños de los equipos escogen un árbitro.

Si se queda un niño sin posición, lo asignan de suplente para que juegue cualquier posición, de cargabates, de espectador o fanático.

En el juego de pelota más sencillo participan solamente dos niños. Uno lanza la pelota y el otro le tira a dar con un bate.

Anota un punto cada vez que le dé con el bate e impulse la pelota hacia el frente. Cuando le tira y no le da, tiene que ceder el bate a quien le estaba lanzando y se cambian los papeles.

Gana el que llegue primero a la cifra de golpes a la pelota que previamente habían acordado. Pueden también jugar esta versión hasta que uno de los dos se canse y se rinda. En este caso, gana aquél que no se cansó o que no admitió estar cansado.

El otro juego de pelota es igual al deporte de los mayores aunque sus reglas no son tan rígidas. El juego puede finalizar cuando lo estimen pertinente.

BALONCESTO CON ZAFACON

Colocar un zafacón a una distancia de aproximadamente tres yardas de una base. La base puede ser un pedazo de cartón o una figura geométrica trazada en el piso. Sobre ella ha de pararse un jugador que tirará una bola de baloncesto con el propósito de encestar.

Si lo logra, anota un punto, recoge la bola y vuelve a tirar. Si tira y no logra encestar o vira el zafacón tiene que cederle el turno a otro participante.

Generalmente acuerdan cuántos puntos será el máximo que podrán anotar antes de empezar el partido. También pueden jugar por equipos.

En ocasiones hacen la bola de papel y usan una lata como canasto.

BOLA AL AIRE

Forman un círculo mirando hacia el centro sin cogerse de las manos.
Un jugador se coloca en el centro del círculo. Los demás niños se hacen tiradas unos a otros con la bola. El que está en el centro trata de capturarla en el aire.
Cuando lo logra, asigna a alguien de los que están en el círculo para que lo sustituya.

TIRO A COGER LA BOLA

Forman un círculo mirando hacia el centro. Uno de los participantes se coloca en el centro, grita el nombre de un compañero. Inmediatamente lanza la bola hacia arriba. Se coloca en el lugar que ocupa el compañero que él mencionó en el círculo.
El jugador a quién él llamó tiene que llegar al círculo, coger la bola y volver a tirarla hacia arriba y llamar a otro jugador. Si así lo desea, puede llamar al que lo llamó a él.
Si se le cae la bola o no logra atraparla, tiene que salir del juego. Corren todos a buscar la bola. El que logre agarrarla pasa a ser quien llame al próximo, luego que hayan vuelto a formar el círculo.
A veces juegan a recibir la bola luego que ésta haya rebotado una vez en el suelo. Las demás reglas del juego siguen igual.

TIRA Y TAPATE

Los jugadores delimitan el área de juego. Un jugador se coloca en uno de los extremos con una bola en la mano. Otro participante se coloca al otro extremo frente al que tiene la bola en la mano. El resto de los participantes se sitúa en medio del área de juego.
Uno de los que están a los extremos tira la bola hacia el grupo con el propósito de golpear a alguno. Cuando lo logra, el que fue tocado por la bola tiene que salir del juego.

Cualquiera de los extremos puede recoger la bola, volver a su lugar y repetir la acción. Según los van tocando con la bola se van saliendo del juego.

Los niños del grupo pueden agacharse y moverse de sitio en sitio, sin salirse del área de juego, para evitar ser tocados.

Cuando solamente queda un niño en el centro, los niños de los extremos tienen que tirarle a dar con la bola diez veces. Si logra esquivar las diez tiradas los demás vuelven a entrar a juego o lo declaran ganador.

GUILLOTINA

Un participante coge una pelota en la mano. Le asigna, en voz alta, un número a cada uno de sus compañeros de juego y a él mismo.

Tira la bola con mucho ímpetu hacia arriba a la vez que grita un número de los que asignó mientras los demás se van a correr. El que tiene ese número tiene que capturar la bola lo mismo en el aire que en la tierra.

Al coger la bola dice: ¡Paren!

Todo el mundo se detiene. El jugador que tiene la bola dice: "Le voy a tirar a _____ (nombra a un jugador).

El jugador nombrado se queda inmóvil donde está. Los demás se acercan al que tiene la bola quien da tres pasos hacia el que él mencionó. Le tira con la bola con el propósito de pegarle con ella. El otro no se puede mover para evadir el golpe.

Si tira y no le da, anotan un punto a favor del que fue amenazado y uno en contra del que tiró la bola. Este último recoge la bola y se repite la acción de tirar la bola hacia arriba a la misma vez que dice un número.

Si por el contrario, tira la bola y le da, el jugador que recibió el golpe también recoge la bola. Es un punto en contra del que fue golpeado y uno a favor del que tiró.

Si un jugador le tira tres veces al mismo compañero y no le da, llevan al que le falló a una pared. Lo colocan de frente a ésta. Todos los participantes le tiran con la bola tres veces desde cualquier distancia.

JUGAR AL REBOTE
(El Frontón)

Para jugar al rebote los niños necesitan una bola. En una pared lisa han de trazar una línea recta a una altura mayor que el más alto de los participantes. Generalmente no participan más de cinco jugadores en cada juego.

En el suelo, a una distancia aproximada de tres o cuatro metros, trazan una línea recta. Detrás de ésta han de estar los jugadores.

El primer jugador tira la bola contra la pared de tal manera que rebote más arriba de la línea marcada, para que llegue hacia donde está el jugador, y de allí sea devuelta por cualquiera de los jugadores otra vez contra la pared, sin dejarlo caer al suelo. Si esto sucede, pierde un punto el jugador que más cerca esté de ella o el que en ese momento intentaba capturarla.

Recoge la bola aquel que se encuentre más cerca de ella cuando ésta cese de rodar. La tirará hacia la pared, pudiendo moverse hacia ella a la distancia que más conveniente crea, pero sin pasar de la raya.

Anota un punto cada vez que le de a la bola en el aire y la devuelva sobre la línea de la pared. El que deje caer la bola en tres ocasiones tiene que salir del juego.

Casi siempre se proponen lograr una cantidad de puntos, y gana quien primero alcance esa cifra. Otras veces no ponen cifra máxima y según se van cansando salen del grupo y gana el jugador que se quede más tiempo en el juego.

CARRERA DEL CANGURO

Los jugadores forman dos filas una al lado de la otra con igual número de jugadores en cada fila. El primero en la fila tendrá una bola o un borrador, o pedazo de palo grueso que hará pasar hacia atrás sobre las cabezas de los jugadores hasta llegar al último. Este coge la bola y se la coloca entre las piernas. Camina al lado de su fila y se coloca al frente de ésta. Levanta la bola y se repite la acción hasta que todos los participantes hayan hecho lo mismo.

Si se le cae la bola, la recoge, vuelve al sitio donde él estaba cuando se le cayó y sigue su camino con ella entre las piernas.

Gana el equipo cuyos participantes queden más rápidamente otra vez en su posición original.

DON RAMON

Los participantes forman una rueda sentados y mirando hacia el centro. Tiene cada uno en su mano derecha una lata vacía, todas de igual tamaño.

Marcan el compás de la siguiente canción dando un golpe con la lata sobre el piso al decir aquellas sílabas marcadas con diéresis:

> Mienträs don Ramön trabäja
> Periquïn jugändo estä
> al compäs de estä canción
> Con su triquï, triquï, träs.

Al marcar la última sílaba de la palabra "canción", cada participante se queda con su lata en la mano, Manteniéndola, de este modo, marca el último verso. Cuando dice "tras", pasa rápidamente la lata a su compañero de la derecha.

Sigue el juego de la misma manera hasta que algún participante se turba, en cuyo caso tiene que salir del juego. Informantes: Carlos R. Hernández, 21 años, Bayamón. Evelyn Collazo, 19 años, Cayey.

CUICA

La cuica es un pedazo de soga, cable eléctrico o bejuco resistente aunque flexible. Su longitud tiene que estar en relación directamente proporcional al tamaño y cantidad de los jugadores. El objetivo del juego es hacer pasar la cuica por encima y luego por debajo de los jugadores manteniéndola siempre en movimiento. Los jugadores han de dar un salto para no tocar la soga que ha de pasar por debajo de ellos.

Generalmente la cuica está en movimiento al entrar los jugadores a brincarla. Para lograr entrar a jugar los jugadores aprovechan cuando la cuida está próxima a su elevación más alta.

Para jugarla sin tener que entrar, la cuica se coloca frente a los pies de quien va a brincarla. Luego se mueve la cuica por el frente y sobre la jugadora quien brinca para evitar pisarla al ésta pasar por debajo de sus pies.

JUEGOS CON CUICA

Para escoger a los primeros que le darán a la cuica pican palitos de fósforos y uno los coge todos en el puño cerrado, pero dejando al descubierto la misma longitud de cada uno. Los participantes van cogiendo un palillo cada uno.

A los que les toquen los dos más cortos darán a la cuica.

El primero que pierda, sustituye a uno de los que están dando, o, si no, al perder los dos que están brincando, pasan a sustituir a los dos que están dándole a la cuica. Esto se llama "jugar en equipo".

CUICA NUMERO 1

Una niña sostiene un extremo de la cuica en cada mano y colocándola colgando en el piso detrás de sus talones impulsa la misma hacia el frente y la hace pasar por debajo de sus pies dando un salto. Repite esta acción cuantas veces ella pueda y con la velocidad que sus fuerzas le permitan.

En las variaciones que describiremos a continuación habrá dos participantes sosteniendo la cuica y haciéndola girar.

Una o varias niñas entran a brincar, evadiendo pisar la cuica.

Al "meterse", o sea, entrar a brincar, las niñas lo harán aprovechando el momento en que la soga esté próxima a su elevación más alta.

La que pise la soga pierde y va a sustituir a una de las niñas que han estado en uno de los extremos. A veces usan una verja o columna en sustitución de una de las niñas que hacen girar la soga.

EL RELOJ

Los participantes escogen un número, por ejemplo, si ocho niñas van a brincar, se ponen un número del cero al siete.

Al grito de "Cero", el participante que tenga ese numeral se mete cuando la soga esté en lo alto y cruza al otro lado sin haber brincado la soga.

Entra el uno y brinca una sola vez mientras los demás cuentan.

Se mete la participante que tiene el dos y brinca dos veces. Así siguen las participantes hasta llegar a la participante ocho.

Cuando esta última ha terminado de brincar, se meten todas a brincar a la vez hasta que una de ellas pisa la soga. Esa pierde y tiene que sustituir a una de las que están en los extremos.

FLOR DE AGUA

Los que "le dan"[60] a la soga le dan sin permitir que ésta toque el suelo. Cada vuelta significa más altura de la soga sobre el suelo.

La niña que brinca tratará de hacerlo sin tocar la soga. En este juego siempre brinca un solo participante a la vez. Según van perdiendo, entra otro participante a brincar la cuica.

---

60. hacen girar

TOCINETA

Luego de haber dado dos o tres vueltas "suavemente", al grito de "tocineta", las niñas que hacen girar la soga lo harán lo más rápidamente posible. Las que la saltan hacen grandes esfuerzos físicos para mantenerse brincando.

Gozan más los niños mientras más rápidamente ven girar la soga.

EL CARTERO

Entra el primer participante a saltar la cuica y se sucede esta conversación entre él y los que le están dando a la soga:

— *Pr, pr* (imita el sonido de un pito)
— *¿Quién es?*
— *El cartero*
— *¿Qué trae?*
— *Carta*
— *¿Para quién?*
— *Para* _____ (menciona a uno de los
 que están esperando
 para saltar la cuica y sale
 de ella).

Entra el participante a quien él mencionó. Se convierte en cartero y a su vez llama a otro y sale de la soga.

Así van llamando a cada uno de los participantes. A pesar de que pueden llamar a una persona más de una vez, casi nunca se hace porque éste es un juego, según los informantes, para jugarse "entre muchos".

Otra versión del mismo juego es que el cartero sigue saltando y llamando a distintos niños quienes lo acompañarán en la soga hasta que uno de ellos pise la cuerda o el cartero se rinda. Cuentan a los que estaban saltando en ese momento, sin contar al cartero.

Empieza otro juego, y, cuando ya no quieren jugar más, el cartero que más niños haya tenido brincando con él al perder su turno, gana el juego.

EL PASEITO

Dos personas entran a brincar la cuica, pero en vez de saltar en un solo lado, tienen que moverse de un lado a otro a lo largo de la soga. Esto es, saltando siempre y en dirección contraria a la compañera que está brincando con ella.

La primera que pise la soga tiene que irse a uno de los extremos a hacer girar la misma.

PAN, CHOCOLATE Y CAFE

El que va a brincar salta la cuica tres veces contando: "Uno, dos y tres". Inmediatamente se dobla y los dos que están dándole a la cuica subirán la cuica sin dejar de darle vueltas pero esta vez, sobre el cuerpo de la niña (sin tocarla) a la vez que todos dicen:

—*Pan, chocolate y café*

Y repite la acción hasta que se rinda o toque la soga al brincar, en cuyo caso, sale esa participante y entra otra.

PAN, CHOCOLATE, MANTEQUILLA Y CAFE

Se juega igual que el anterior sólo que, al doblarse la niña, dirán: "Pan, chocolate, mantequilla" —y al decir "Café" tiene que saltar la cuica. Si no lo hace, pierde.

LA CALLE DE SAN VALENTIN

Mientras dos jugadoras le dan vuelta a la cuica, la que brinca lo hace al compás de lo que cantan las demás y ejecutando las acciones que en la canción se manifiestan:

> Mi madre, mi padre
> viven en la calle
> de San Valentín
> número cuarenta y ocho.
> Mi padre le dice a mi madre
> Señora, toque el piso.
> Señora, dé una vuelta.
> Señora, coja sus maletas
> y lárguese de aquí
> (Señora, márchese de aquí).

Al decir esto último, esa jugadora sale y entra otra. En cualquier momento que toque la cuica se elimina del juego.

También usan la cuica para predecir el futuro de la que está brincando. Así, mientras ella brinca, dicen una y otra vez:

> ¿Dondé irás a pasar
> tu luna de miel
> casa, letrina u hotel?

La palabra que estén diciendo, al momento en que la que está brincando pise la cuica, le dirá dónde va a pasar su luna de miel.

Si la pisara antes de llegar al último verso, le dan las oportunidades necesarias para que ella pueda conocer su buenaventura.

> ¿Qué va a ser tu marido?

Igual que en el anterior, pero acompañado por:

> ¿Qué va a ser tu marido?
> Pobre, rico, mendigo, ladrón.
> Pobre, rico, mendigo, ladrón.

En ocasiones unen las dos: ¿Dónde vas a pasar tu luna de miel? y ¿Qué va a ser tu marido?

LA CULEBRA

Las dos jugadoras que le dan a la cuica la colocan en el piso o la suben a una distancia de aproximadamente dos y media pulgadas del suelo. Mueven la cuica simulando los movimientos de una culebra mientras que la que está brincando tiene que evadir tocar la soga porque si lo hace pierde y tiene que ceder su turno.

DOBLE CUICA

Doblan por la mitad una cuica bien larga de la siguiente manera: Una niña coge los extremos de la cuica uno en cada mano. La otra niña se coloca la parte media de la cuica por detrás de su cintura. Miran ambas hacia el centro.

Mueven la soga circularmente hacia dentro del espacio entre ambas. Entra un participante a brincar. Este tiene que mantenerse brincando ambas cuicas alternadamente y rápidamente.

PAÑUELO I

Los participantes forman un círculo sin cogerse de la mano. Uno de los participantes ha de estar fuera del círculo con un pañuelo en la mano.

El que está fuera del círculo corre alrededor de éste y en cualquier momento deja caer el pañuelo detrás de uno de los participantes que forman el círculo. El jugador detrás del cual cae el pañuelo lo recoge del piso y corre en dirección contraria a la del otro jugador.

El objetivo es llegar de regreso al punto de partida nuevamente antes que el otro participante. El último que llegue será quien tire el pañuelo esta vez.

EL PAÑUELO II

Forman un círculo en parejas cogidas de la mano mirando hacia el centro. En el medio de la rueda hay un participante con un pañuelo en la mano.

El del centro camina alrededor dentro del círculo y sorpresivamente deja caer el pañuelo frente a una de las parejas. Los dos componentes de la pareja saldrán corriendo en direcciones contrarias alrededor fuera del círculo.

El del centro ocupa un lugar de los desocupados.

El primero que llegue de regreso a su sitio se queda allí y forma una nueva pareja con el que tiró originalmente el pañuelo.

El que no logró llegar primero coge el pañuelo y se va al centro para repetir el juego.

LA CAGÁ

Los participantes de este juego con cartas sacan aparte todas las aes menos la de espada (la cagá).

A quien le tocó en suerte, reparte las barajas entre todos los jugadores incluyéndose él aunque no le toque la misma cantidad a todos.

Cada participante elimina los numerales o letras que él tenga repetidas, de dos en dos, depositándolas sobre la mesa.

El primer participante coloca sus barajas en forma de abanico en sus manos con los símbolos ante su vista. Las extiende al jugador que quede a su derecha. Este jugador selecciona una baraja al azar y trata de completar un par con las que él tiene en su mano. Si lo logra, deposita ambas cartas en la mesa y le extiende la mano al otro jugador efectuándose siempre la misma acción que se describió anteriormente.

Si no hace un par con las que tiene en la mano, se queda con la baraja que tomó del jugador anterior y extiende las cartas al próximo participante.

De esta manera, cada jugador tendrá menos cartas cada vez. Al final, alguien se queda con "la cagá".

JUEGOS CON MONEDAS

A- Colocan una moneda verticalmente entre un dedo y una superficie plana. Le dan con un dedo de la otra mano para que gire.
Gana aquel cuya moneda gire más tiempo.

B- El chavito
Se juega igual que *La Piedra,* pero con monedas o chapas. (Véase página 55)

MONEDAS FLOTANTES

Llenan de agua un recipiente grande. Colocan sobre el agua las tapas de ollas, platos o cualquier objeto plano de manera que flote.

Los jugadores se colocan a una distancia prudente. Cada participante tendrá en sus manos igual cantidad de monedas, fichas o piedrecitas. Van tirando, por turno, las monedas hacia los platos flotantes.

Previamente habrán acordado si un jugador tirará una o más monedas hasta fallar, o si tirara una sola moneda a la vez.

Ganará el juego quien más monedas logre colocar sobre los platos.

CASIEL
(La Mota)

Hacen un hoyo en la tierra cuyo diámetro sea un poco mayor que las monedas. Será, además, de tal profundidad que quepa la cantidad de monedas con las cuales se estableció que se va a jugar.

Los jugadores tiran, uno a uno, según el orden que obtuvieron en el sorteo, desde una línea que queda aproximadamente a 3 ó 4 yardas del hoyo. Para lanzarlas, colocan todas sus monedas en posición horizontal sobre su dedo pulgar, el cual está presionado por el índice.

Al mover rápidamente el pulgar hacia arriba las monedas salen disparadas hacia el hoyo.

El primer jugador se coloca detrás de la línea, inclina su cuerpo hacia adelante, sin pasarse de la raya, y lanza las monedas al hoyo. Si van de diez y logra colocar tres monedas en el hoyo, se anota tres puntos. Recoge todas sus monedas.

Si en el próximo turno logra colocar cuatro en el hoyo, se los suma a los tres que ya había anotado.

El primero que meta todos los tantos en el hoyito o totalice los tantos que apostaron, gana las monedas de todos los demás jugadores.

No puede "pasarse", o sea, meter más de los que necesita para totalizar, porque en ese caso, tendrá que empezar otra vez.

LA COA

Se traza un círculo de aproximadamente un pie de diámetro. En él cada participante coloca igual cantidad de monedas.

Van a una línea que ha sido trazada en el piso y tiran sus trompos a bailar. El que quede más cerca de la línea, al terminar de bailar, será el primero en jugar. Los turnos serán por la proximidad a la línea.

En caso de empate vuelven a tirar los empatados nada más y el que quede más cerca de la línea será quien se adelante en turno.

Vuelven al círculo, y allí, en el orden ya dispuesto, cada niño tira su trompo hacia fuera del círculo. Lo recoge bailando en la palma de la mano y bailando aún, trata de ir sacando las monedas del círculo. Para así lograrlo, trata de darle con la púa a uno de los bordes de la moneda.

El participante seguirá tratando de sacar las monedas mientras su trompo siga bailando.

Cuando su trompo deja de bailar, le cede el turno al próximo participante. Este tratará de sacar las monedas desde donde el otro las dejó.

Según van sacando las monedas del círculo, el que la saca, la va cogiendo para él.

AROS

Los informantes mayores de treinta y cinco años recuerdan haber jugado con unas piezas de hierro en forma circular que tienen alrededor los barriles en que envasan el tocino. Con un pedazo de alambre formaban un garabato con el cual empujaban el aro calle arriba y calle abajo. Jugaban lo mismo solos que en grupo.

En ocasiones colocaban obstáculos a lo largo del camino recto que habrían de recorrer. El primero que llegara al final del camino habiendo evadido todos los obstáculos, sin tocarlos, era el ganador.

A veces jugaban a darle un número determinado de vueltas a un círculo que habían previamente trazado en el piso. También acostumbraban darle la vuelta a un determinado edificio o ir y venir de un sitio a otro en línea recta. Siempre, el primero que llegara al sitio destinado como meta ganaba la partida.

El aro tenía que ser empujado exclusivamente con el garabato.

Hoy día, los aros son más difíciles de conseguir, por lo que los niños usan las llantas en desuso de los automóviles y las bicicletas. Los impulsan sin más ayuda que sus manos.

POMPAS DE JABON

Los niños echan jabón en un recipiente que contenga agua. Introducen luego un sorbeto y lo mueven rápidamente. Inmediatamente sacan el sorbeto y lo soplan por el extremo que no está mojado.

Salen de ahí pompas de distintos tamaños.

Echan desafíos a ver quién las hace más grandes, las de quién se sostienen más en el aire o cuáles se elevan más alto.

El sorbeto suele ser sustituido por cañutos de lechoza o calabaza.

CONCLUSIONES

La validez de las conclusiones que adjunto son el resultado del estudio de los materiales recogidos en el presente trabajo:

1. El juego infantil es una parte vital de la cultura puertorriqueña.
2. A pesar de la importancia que tienen los juegos infantiles, el estudio de los mismos ha sido descuidado por los estudiosos del folklore en Puerto Rico.
3. Los juegos infantiles tienen orígenes variados y, aunque nos llegaron por medio de los españoles, los niños puertorriqueños los adaptaron a su peculiar cultura.
4. Después de haber sondeado en distintas fuentes históricas, no hemos conseguido información sobre los juegos infantiles de nuestros indios.
5. Tampoco hemos conseguido información sobre los juegos que nos llegaron con los africanos. Sin embargo, conociendo el hecho de que muchas nanas o niñeras eran de origen africano, no dudamos que futuros estudios puedan ofrecer más luz sobre este tema.
6. Los juegos y juguetes infantiles han recibido el impacto de las transformaciones socio-económicas que han ocurrido en Puerto Rico en las últimas décadas.
7. En este estudio no hemos incluido todos los juegos infantiles en Puerto Rico, ni todos los aspectos relacionados con el tema. Confiamos que futuras investigaciones aporten nuevas contribuciones.

BIBLIOGRAFIA

Aguilera, Ana Margarita. *El cancionero infantil de Hispanoamérica.* La Habana: Biblioteca Nacional José Marti, 1960.

Alcázar, Ignacio del (anotador). *Colección de cantos populares.* Madrid: Editor Antonio Aleu, 1910.

Alzola Concepción, Teresa. *Folklore del niño cubano,* 2t. Cuba: Universidad Central de Las Villas. 1961, 1962.

Antich, Ismael, traductor. *Psiquiatría infantil,* traducida del francés de la obra *Psychiatrie Infantile.* Barcelona: Editor Luis Miracle, S. A. 1965.

Avilés, Gildardo F. *Recreaciones Infantiles.* Paris: Librería de la Vda. de C. Bouret, 1906.

Baratta, María de. *Cuzcatlán típico; ensayo sobre etnofonía de El Salvador.* San Salvador: 1951.

Baring-Gould, Sabine. *Strange survivals: some chapters in the history of man.* New York: Singing Tree Press. 1968.

Bowra, Cecil Maurice. *Classical Greece.* Nueva York: Time-Life Books. 1965.

Cabal, C. *Contribución al diccionario folklórico de Asturias.* Oviedo: Gráfica Summa. Tomo IV. 1955.

Cáceres, José A. *Sicología y educación.* San Juan: Editorial Universitaria. 1976.

Cadilla de Martínez, María. *Juegos y canciones infantiles de Puerto Rico.* San Juan: Imprenta Baldrich. 1940.

———. *La poesía popular en Puerto Rico.* Madrid: Universidad de Madrid. 1933.

Caro, Rodrigo. *Días geniales o lúdicros.* Madrid: Espasa Calpe, 2 Vols. 1978.

Carrizo, Juan Alfonso. *Cancionero popular de La Rioja.* Buenos Aires: Espasa Calpe, 3 Vols. 1942.

———. *Cantares tradicionales del Tucumán.* Buenos Aires: Espasa Calpe. 1939.

———. *Antiguos cantos populares argentinos.* Buenos Aires: Impresores Silla Hermanos. 1926.

Carvahlo Neto, Paulo de. *Antología del folklore ecuatoriano.* Quito: Editorial Universitaria. 1964.

———. *Folklore del Paraguay.* Quito: Editorial Universitaria. 1961.

De Hostos, Eugenio María. *Forjando el porvenir americano.* Cuba: Edición Comercial Cultural, S. A. 1939.

Deliz, Monserrate, Compiladora. *Renadío del cantar folklórico de Puerto Rico.* Madrid: Talleres y editores Hispania. 1951.

Díaz, Joaquín. *Palabras ocultas en la canción folklórica.* Madrid: Ediciones Taurus, S. A. 1971.

Dougherty, Frank F. *Romances tradicionales de Santander.* Bogotá: Instituto Caro y Cuervo. 1977.

Echevarría Bravo, Pedro. *Cancionero popular manchego.* Madrid: Sociedad general de autores de España. 1951.

Espinosa, Aurelio Macedonio. *Romancero de Nuevo México.* Madrid: Consejo de investigaciones científicas. 1953.

Figueroa Lorza, Jennie. *Algunos juegos infantiles del Chocó.* Bogotá: Instituto Caro Cuervo. 1976.

Gallagher, Rachel. *Games in the Street.* New York: Four Winds Press. 1976.

Garrido de Boggs, Edna. *Folklore infantil de Santo Domingo.* Santo Domingo. Editorial Santo Domingo. 1980.

Gesell, Arnold. *El niño de cinco a diez años.* Buenos Aires: Editorial Paidós. 1974.

Gil García, Bonifacio. *Cancionero Infantil* (Antología). Madrid: Ediciones Taurus. 1964.

———. *Cancionero Popular de Extremadura*. Badajoz: Imprenta de la Excelentísima Diputación. 1956.

Gilb, Stella S. *Juegos para escolares*. México: Editorial Pax. 1975.

Helming, Helene. *El Sistema Montessori*. Barcelona: Editorial Luis Miracle, S. A. 1970.

Irigoyen, José Iñigo. *Folklore Alavés*. Victoria: Imprenta Provincial. 1949.

Kamen Kaye, Dorothy. *Venezuelan Folkways*. Michigan: Blaine Ethridge Books. 1976.

Langworthy Rathbone, Josephine. *Corrective Physical Education*. New York: W.B. Sounders Co. 1949.

Laval, Ramón. *Folklore de Carahue*. Madrid: Impresora Clásica Española. 1916.

Lehmann, Peter G. *De cero a catorce años*. Madrid: Litografía Everest. 1970.

León Rey, José Antonio. *Juegos infantiles del Oriente Cundinamarqués*. Bogotá: Instituto Caro Cuervo. 1982.

Lizardo, Fradique y J. P. Muñoz Victoria. *Fiestas patronales y juegos populares dominicanos*. Santo Domingo: Fundación García Arévalo. (Primera edición). 1979.

López Austin, Alfredo, Comp. *Juegos rituales aztecas-México*. México: Universidad Nacional Autónoma de México. 1967.

Llorca, Fernando. *Lo que cantan los niños*. Madrid: Editorial Llorca y Co., 1922.

Machado y Alvarez, Antonio. *Biblioteca de las tradiciones populares españolas*. Sevilla: Francisco Alvarez & Co. 1884.

Marzi, Alberto. *La psicología en la educación contemporánea*. Buenos Aires: Edic. Troquel. 1967.

Medeiros, Ethel Bauzer. *Jogo para recreacao na escola primaria*. Río de Janeiro: Centro Brasileiro de Pesquisas Educacionais. 1959.

Ministerio de Educación, República de San Salvador. *Juegos que jugamos* Tomos I y II. 1980.

Nicolay, Fernando. *Historia de las creencias*. Barcelona: Editorial Montaner & Simón. 1904.

Olavarría y Huarte, Eugenio. *El folklore de Madrid*. Madrid: Librería de Fernando Fe. 1884.

Ortiz Fernández, Fernando. *El huracán, su mitología y sus símbolos*. México: Fondo de Cultura Económica. 1947.

Palma, Margarita. *Muestra del folklore puertorriqueño*. San Juan: Editorial Edil. 1981.

Piña Chan, Román. *Juegos y deportes en el México antiguo*. México: U.T.E.H.A. 1968.

Rodríguez Marín, Francisco. *Cantos populares españoles*. Madrid: Ediciones Atlas. Tomo I, 1882.

_____. *Cantos populares españoles*. Madrid: Ediciones Atlas. Tomo II, 1981.

_____. *Cantos populares españoles*. Madrid: Ediciones Atlas. 2da. edición. 5 Tomos. 1951.

Romero del Valle, Emilia. "Juegos infantiles tradicionales en el Perú"; 25 estudios de folklore-México. Universidad Nacional Autónoma de México. 1971.

Rosa Nieves, Cesáreo. *Voz folklórica de Puerto Rico*. Connecticut: Troutman Press. 1967.

Rousseau, Juan Jacobo. *Emilio: De la educación*. México: Edit. Porrúa, S. A. 1970.

Sánchez Hidalgo, Efraín y Lydia Sánchez. *La psicología de la crianza: un mensaje a los padres*. San Juan: Editorial Universitaria. 1973.

Scheffler, Lilian. *Juegos tradicionales del estado de Tlaxcala*. México: Secretaría de Educación Pública. Estudios de folklore y arte popular # 3, 1976.

Serra Boldú, Valerio. "Folklore infantil". *Folklore y costumbres de España*, Tomo II. Editorial Alberto Martin. 1944.

Sevilla, Alberto. *Cancionero popular murciano.* Murcia: Impresora Sucesores de Nogués. 1931.

Sutton-Smith, Brian. *The Games of New Zealand Children.* Berkeley: University of California Press. 1957.

Tió Nazario de Figueroa, Juan Angel. *Esencia del folklore puertorriqueño.* San Germán: Centro Cultural. 1967.

Vallejo, Carlos María. *Los maderos de San Juan.* Valencia: Colección Isla. 1932.

Verdejo, Carmiña. *Juegos para todos.* Barcelona: Sopena S. A. 1965.

Villegas, Carlos, traductor. *Los incas, pueblo del sol,* de Víctor Von Hagen. México: Edit. Porrúa. 1969.

Voldan, Helena, traductora. *Psicología de los juegos infantiles,* traducida del francés de la obra de Juan Chateau, *L'Enfant Et Le Je.* Buenos Aires: Editorial Kapelusz, S. A. 1973.

ARTICULOS DE REVISTAS

Breweste, Paul G. "Juegos Infantiles". *Folklore Américas.* Edit. Ralph Steele Boggs. (1953).

Istúriz, Cecilia. "Juegos Infantiles del Oriente de Venezuela". *Artesanía y folklore de Venezuela.* Caracas. IX (49), abril, mayo, junio 1984.

Pérez Vidal, José. "El baile de la caraqueña". Caracas. *Boletín del Instituto de Folklore.* II (4), junio de 1956.

DOCUMENTOS

Puerto Rico, Junta de Planificación. *Reglamento sobre facilidades vecinales,* número 9, artículo 12. San Juan, 1963.

Venezuela. Aretz, Isabel. Carta fechada 22 de septiembre de 1983. Asunto: Baile - Juego *Las Caraqueñas.*

ENTREVISTAS PERSONALES

1. Alfonso Torres - Barriada Caridad, Bayamón — 69 años
2. Neyda Salas - Urb. Country Club, Río Piedras — 36 años
3. Graciela Rivera - Urb. Santa Juanita, Bayamón — 41 años
4. Otoniel Vila - Vega Alta — 60 años
5. José Mojica - Bo. Maguayo, Dorado — 59 años
*6. Tito Santiago - Bo. Hato Tejas, Bayamón — 67 años
7. Félix Morales - Bo. Buena Vista, Bayamón — 63 años
8. Velma Díaz - Bo. Hato Tejas, Bayamón — 35 años
9. Héctor Camacho - Bo. Hato Tejas, Bayamón — 43 años
10. Eleasín Bermejo - Ponce — 45 años
11. Restituto Pérez - Bayamón — 63 años
12. Gregorio Torres - Centro Geriátrico Braulio Dueño, Bayamón — 81 años
13. Agustín Montalvo - Centro Geriátrico Braulio Dueño, Bayamón — 63 años
14. Guillermo Dávila - Sector Volcán, Bo. Hato Tejas, Bayamón — 58 años
15. Inés Dávila - Sector Volcán, Bo. Hato Tejas, Bayamón — 80 años
16. Carlos Santiago - Urb. Rexville, Bayamón — 35 años
17. José Alvarado - Bo. Buena Vista, Bayamón — 35 años
18. Juan B. Sáez - Urb. Royal Town, Bayamón — 43 años
19. César Guzmán - Urb. Sierra Bayamón, Bayamón — 40 años
20. Sarah Torres - Urb. Sierra Bayamón, Bayamón — 30 años
21. Irma Umpierre - Urb. Bella Vista, Bayamón — 13 años
22. Santos Dávila - Urb. La Milagrosa, Bayamón — 35 años
23. Julio Angel Pérez - Urb. Country Club, Río Piedras — 9 años
24. Hipólito Morales - Bo. Buena Vista, Bayamón — 39 años
25. Wanda Ayala - Bo. Buena Vista, Bayamón — 13 años
26. Angelina Estrada - Carr. Bayamón a Comerío — 65 años
27. Emily Ramos - Bo. Buena Vista, Bayamón — 28 años
28. Luz N. Figueroa - Urb. Irlanda Heights, Bayamón — 32 años
29. Ivette Núñez - Bo. Espinosa, Vega Alta — 35 años
30. Eileen Dávila - Urb. Caná, Bayamón — 18 años
31. Carmen Marcano - Vega Alta — 25 años
32. Rafael Díaz - Bayamón — 12 años
33. Esther Ojeda - Ponce — 45 años

34. Carmen Morales - Bo. Medianía Alta, Loíza — - 49 años
35. Tomasita Ramos - Bo. Hato Tejas, Bayamón — - 45 años
36. Edgardo Rivera - Bo. Las Carreras, Loíza — - 16 años
37. Nicolás Ortiz - Bo. Las Carreras, Loíza — - 60 años
38. Diego Durán - Ponce — - 68 años
39. Margarita Ortiz - Ponce — - 60 años
40. Nereida Rivera - Ponce — - 17 años
41. Gloria Colón - Vega Alta — - 31 años
42. María Rosario - Vega Alta — - 24 años
43. Víctor Morales - Vega Alta — - 87 años
44. Miguel Ruiz - Urb. Santa Juanita, Bayamón — - 64 años
45. Héctor Rivera - Bo. Nuevo, Bayamón — - 36 años
46. Marisol Miranda - Urb. Bella Vista, Bayamón — - 13 años
47. Felícita Reyes - Urb. Los Dominicos, Bayamón — - 63 años
48. Lourdes Rivera - Urb. Los Dominicos — - 41 años
49. Ramón Cruz - San Sebastián — - 28 años
50. Benilda Rodríguez - Vega Alta — - 65 años
51. Yolanda Villanueva - Bayamón — - 13 años
52. Delfina Neira - Bayamón — - 33 años
53. Nydia Narváez - Urb. Alturas de Caná — - 13 años
54. Wilberto Nieves - Bayamón — - 13 años
55. Magda Erazo - Bayamón — - 39 años
56. Rubén Canales - Res. Llorens Torres, San Juan — - 32 años
57. Abad Ocasio - Comerío — - 65 años
58. Maritza Malavé - Bayamón — - 13 años
59. Marc Estrada - Bayamón — - 12 años
60. Marilyn Virella - Ponce — - 12 años
61. Elsa Valero - Urb. Irlanda Heights, Bayamón — - 31 años
62. Ismael Narváez - Urb. Alturas de Caná, Bayamón — - 55 años
63. Salustiano Fernández - Santurce — - 76 años
64. Annie Martínez - Barranquitas — - 40 años
65. Luz M. Rivera - Urb. Vista Bella, Bayamón — - 43 años
66. Haydeé López - Urb. Los Dominicos — - 45 años
67. María J. Oliveras - Bo. Buena Vista, Bayamón — - 12 años
68. Aracelis Quiñones - Bo. Buena Vista, Bayamón — - 12 años
69. Teresa Cruz - Bo. Hato Tejas, Bayamón — - 80 años
70. Carmen Cruz - Ponce — - 65 años
71. Clotildo Rivera - Ponce — - 65 años
72. Hilda Ramos - Bayamón — - 60 años

73. Madelyn Feliciano - Bayamón - 13 años
74. Idalia Soto - Vega Alta - 25 años
75. Eva Erazo - Bo. Buena Vista, Bayamón - 35 años
76. Clorinda Miranda - Urb. Caná, Bayamón - 32 años
77. Luz S. Nieves - Bayamón - 28 años
78. Lilibeth Berríos - Ponce - 12 años
79. Matilde Rivera - Ponce - 12 años
80. Rosabel Meléndez - Bayamón - 13 años
81. Carmen Nieves - Bo. Medianía, Loíza - 45 años
82. Carmen Estrada - Bo. Medianía, Loíza - 65 años
83. Gladys Figueroa - Bo. Buena Vista, Bayamón - 42 años
84. Gloria M. Colón - Bayamón - 13 años
85. María J. Rosario - Bayamón - 13 años
86. Maritza Alvarado - Ponce - 12 años
87. Carlos Hernández - Urb. Santa Juanita, Bayamón - 21 años
88. Evelyn Collazo - Urb. Aponte, Cayey - 19 años
89. Doris Morales - Bo. Buena Vista, Bayamón - 13 años
90. Isabel Velázquez - Urb. Caná, Bayamón - 30 años
91. Caridad Vda. de Márquez - Santurce, San Juan - 66 años
92. Ela Leal - Urb. Caparra Heights, San Juan - 54 años
93. Haydeé Leal - Urb. Caparra Heights, San Juan - 50 años
94. Neftalí Nieves - Vega Alta - 65 años
95. William Adorno - Vega Alta - 58 años
96. Bernabé Adorno - Vega Alta - 50 años
97. Luis Lacén - Bo. Medianía Alta, Loíza - 29 años
98. Juan Lacén - Bo. Medianía Alta, Loíza - 35 años
99. Alfonso Lacén - Bo. Medianía Alta, Loíza - 28 años
100. Elías Lacén - Bo. Medianía Alta, Loíza - 32 años
101. Carmen Alvira - Vega Alta - 56 años
102. Carmen Bacetty - Bo. Buena Vista, Bayamón - 13 años
103. Ruth López - Bo. Buena Vista, Bayamón - 12 años
104. Carmen Iris Marcano - Ponce - 40 años
105. Juan Berríos - Bayamón - 75 años
106. Samaira de Jesús - Parcelas Van Scoy, Bayamón - 13 años
107. Rosa Bonet - Río Piedras - 24 años
108. Carmen L. Cabrera - San Juan - 36 años
109. Sol S. Lebrón - Bayamón - 13 años
110. Aitza Estrada - San Juan - 13 años
111. Jacobo Morales, Padre - Lajas - 58 años

112. Federico Cruz - Vega Baja — - 40 años
113. Roberto Tejera - Bayamón — - 36 años
114. Ramón Dorta - Hatillo — - años
115. Salvador Colón - Orocovis — - 38 años

— Niños de la Barriada Parkhurst, Hato Tejas, Bayamón
— Niños de cuarto grado, Escuela Elemental Van Scoy, Sector El Ocho, Barrio Buena Vista, Bayamón (Año Escolar 1976-77).
— Jóvenes de octavo grado, Escuela María Vázquez de Umpierre, Sector El Ocho, Parcelas Van Scoy, Bayamón (Año Escolar 1980-81)